Sarah Rossbach lebte, arbeitete und studierte zwei Jahre lang in Asien. Sie ist Journalistin und Feng-Shui-Beraterin in New York. Dank Feng-Shui sind jetzt in ihrem Appartement Schreibtisch und Bett an »glücklicher Stelle«.

Herausgegeben von Wolfgang Gillessen

Deutsche Erstausgabe Mai 1990
© 1990 Droemersche Verlagsanstalt Th. Knaur Nachf., München
Das Werk einschließlich aller seiner Teile ist urheberrechtlich geschützt.
Jede Verwertung außerhalb der engen Grenzen des Urheberrechts-
gesetzes ist ohne Zustimmung des Verlages unzulässig und strafbar.
Das gilt insbesondere für Vervielfältigungen, Übersetzungen,
Mikroverfilmungen und die Einspeicherung und Verarbeitung
in elektronischen Systemen.
Titel der Originalausgabe »Feng Shui – The Chinese Art Of Placement«
Copyright © 1983 by Sarah Rossbach
Originalverlag E. P. Dutton, New York
Umschlaggestaltung Manfred Waller
Umschlagillustration Gerhard Prokop
Satz Auer, Donauwörth
Druck und Bindung Ebner Ulm
Printed in Germany   5 4 3 2 1
ISBN 3-426-06009-4

Sarah Rossbach:
Die Zukunft bauen

Feng-Shui und ökologische Landschaftsgestaltung

Aus dem Amerikanischen von Peter Hübner

Denen gewidmet,
die zur richtigen Zeit am richtigen Ort waren.

Inhalt

Einführung

Als ich 1977 in Hongkong lebte und arbeitete, begann ich, Chinesischunterricht bei einem Mann namens Lin Yun zu nehmen. In der Kronkolonie zirkulierten vage Geschichten über seine Fähigkeiten in einer uralten Kunst, genannt *Feng-Shui*. Mir war bekannt, daß Feng-Shui wörtlich übersetzt »Wind und Wasser« bedeutete, doch darüber hinaus hatte ich nur die nebulöse Vorstellung, daß es etwas mit der Ausgewogenheit einer Stätte zu tun hatte. Lin Yun und ich begannen den Unterricht meistens in dem opulent ausgestatteten, im Kolonialstil gehaltenen Foyer des Peninsula Hotels, wo wir bei Orangensaft über die heldenhaften Unternehmungen des Vorsitzenden Mao sprachen. Meistens jedoch wurden unsere Unterhaltungen jäh unterbrochen. Ein Hotelpage durchkreuzte dann das ausgedehnte Foyer mit klingelndem Glöckchen und einer Tafel, auf der Lin Yun verlangt wurde. Bei seiner Wiederkehr zu unserem Tisch sagte dann Professor Lin: »Sie brauchen für diese Stunde nicht bezahlen. Ich muß die Grabstätte der Mutter eines Freundes untersuchen. Würden Sie mich dabei begleiten?«
Also schloß ich dann mein Lehrbuch und gemeinsam traten wir seine Feng-Shui-Runden an. Dazu

gehörten das Haus eines amerikanischen Journalisten, dessen Ehe ins Wanken geraten war, das Grab der Mutter eines Anlagebankiers, dessen Rücklagen ihm Sorgen machten, das Büro eines Juweliers, dessen Geschäft ausgeraubt worden war, und sogar das Haus eines Arztes, der an Schlaflosigkeit und Migräne litt.

Im Verlauf dieser Lektionen begann ich allmählich zu verstehen, was dieses geheimnisvolle *Feng-Shui* tatsächlich bedeutet. Ich erkannte, daß es mystische Bedeutung, gesunden Menschenverstand und – manchmal – guten Geschmack vereint. Ich lernte, daß es alles betreffen konnte, von Tischen bis Türen, von Architektur bis Astrologie, und auch die Daten von Hochzeiten, Festen, Begräbnissen und Partys bestimmte oder sogar die solcher niederen Arbeiten wie dem Fällen von Bäumen und Rasenmähen. Doch ist es mehr als nur das. Feng-Shui ist eine Öko-Kunst, die mit Umweltschutz, Ökologie, Orientierung und Raumaufteilung zu tun hat, also im Kern mit der Frage, wo und wie der Mensch sich und seine Behausung auf dieser weiten Welt plazieren sollte. Feng-Shui ist ein Mittel, die eigene Position im physischen Universum zu definieren – und sie dann zu verbessern. Auch entdeckte ich, daß Feng-Shui die Verheißung all dessen enthält, was sich der Mensch nur wünschen kann: eine glückliche Familie, eine schöne Ehe, langes, gesundes Leben, Erfolg im Beruf, Wohlstand, Fortunas Gunst... In seiner gesamten Wirkungsbreite zeigt uns Feng-Shui, wie wir uns wirkungsvoller im Universum plazieren können.

Die Inspiration für dieses Buch ist hauptsächlich

Lin Yun zuzuschreiben. Obwohl jeder Feng-Shui-Praktiker eine eigene Vorgehensweise hat, verlangt gutes Feng-Shui, daß er den Philosophen, Psychologen, Arzt, Beichtvater und Innenarchitekten in sich vereint. Lin Yun ist einer der führenden lebenden Adepten dieser komplexen Kunst.

Tagsüber ein Lehrer von Hochchinesisch und danach Feng-Shui-Praktiker, begann Lin Yun seine Ausbildung bereits im Alter von sechs Jahren. Er wurde 1932 in Peking geboren, wo er mit Freunden auf dem Gelände eines tibetischen Buddhistentempels spielte, das sich nahe dem Elternhaus befand. Im Tempel lebten einige Lamas der Tantrischen Schwarzhut-Sekte, eine mystische Sekte des tibetischen Buddhismus. Eines Tages ging einer der Mönche auf die Jungen zu und bot ihnen Religionsunterricht an. Obwohl Lin Yuns Freunde fortliefen, trat er näher an den Mönch heran, um genauer zu hören, was dieser sagen wollte. Die nächsten neun Jahre lang wurde Lin Yun in den Schriften und Praktiken der Sekte unterrichtet. Dazu gehörten die mystischen Künste des tibetischen Tantrismus sowie die traditionellen chinesischen Texte und Lehren, wie das *I Ging* und Feng-Shui. Seitdem hat Lin Yun Jura, Philosophie und Stadtplanung studiert und in den Vereinigten Staaten über Feng-Shui referiert.

Die ersten Kapitel dieses Buches enthalten einen Überblick über Tradition und Geschichte von Feng-Shui sowie die Methoden, welche allen Feng-Shui-Experten zu eigen sind, und die danach folgenden Kapitel basieren auf Lin Yuns Auslegungen von Feng-Shui, seiner Handhabung, seinen Lehren und seiner Erfahrung.

Ich fühlte mich von Feng-Shui angesprochen, obwohl ich anfänglich zugegebenermaßen skeptisch eingestellt war. Ich weiß nicht, wie oder warum es funktioniert – ich bin keine Wissenschaftlerin –, aber ich weiß, daß es im Laufe von Tausenden von Jahren für viele Menschen gewirkt hat. Und in den fünf Jahren, seitdem ich Feng-Shui studiere, habe ich erlebt, wie Ehen gerettet wurden, sich berufliche Erfolge einstellten und Restaurants gediehen. Sie mögen das dem Zufall zuschreiben, aber ich kann bezeugen, daß Feng-Shui funktioniert.

Ich möchte den nachstehenden Personen für die Großzügigkeit mit ihrer Zeit, ihrem Wissen und ihrer Gastfreundschaft danken: Vivien Chang, Tong Yi-fang, Suzanne Green, Lynne Curry, Lucy Lo, Sylvia Edgar, Eric Cumine, Tao Ho, David Lung, Dimon Lu, Veronica Hwang Li, Doris Wang, Margery Topley, Mike Chinoy, Shao Fon-fon, John Warden, James Hayes, Robert Upton, John Chu, Barbara Butterfield, Rockwell Stensrud, Ching Cruz, George Lee, Dr. William Whitson, David Keh, Johnny Kao, George Hsu, *The Hongkong Tourist Association, The Ossabaw Island Project* in Georgia, Ju Mu, Christine Douglas, Ernie Munch, Penny Coleman, zwei Feng-Shui-Experten aus Hongkong, Choi Pak-lai und Chen To-sang und einem Feng-Shui-Adepten und Exhumierer aus Singapur, Tan Chat Lung.
Besonderen Dank an Spencer Reiss dafür, daß er dieses Manuskript in all seinen Entstehungsphasen las, an David Acheson für seine architektonischen Fachkommentare und Zeichnungen, an Glenn Cowley für seinen Rat und seine Ermutigung und an die

verstorbene June Shaplen für ihre Unterstützung bei der Verwirklichung dieses Buches. Vorrangig bedanke ich mich ausdrücklich bei Lin Yun für seine Zeit, sein Wissen und seine Geduld bei diesem Projekt, welches ohne ihn nie entstanden wäre.

Sarah Rossbach

Chronologie der Dynastien

Shang	ca. 1766–ca. 1123 v. Chr.
Chou	ca. 1122–256
Ch'in	221–207
Han	202 v. Chr.–221 n. Chr.
Sechs Dynastien	221–581
Sui	581–618
T'ang	618–906
Fünf Dynastien	907–960
Sung	960–1279
Yüan (Mongolen)	1260–1368
Ming	1368–1644
Ch'ing (Manchu)	1644–1912
Republik	1912–
Volksrepublik	1949–

Glossar

Amah   Eine chinesische Amme oder Dienerin.

Ba-gua   Ein achteckiges Symbol des *I Ging,* welches acht Trigramme enthält.

Ch'i   Kosmischer Atem, menschliche Energie.

Chung-guo   »Das Reich der Mitte«, China.

Chu-shr   Das, was sich außerhalb unseres Erfahrungsbereiches befindet, also »unlogische« Lösungen.

Feng-Shui   »Wind und Wasser«, die chinesische Kunst der Plazierung.

Ju-sha   Zinnober als mystisch-medizinisches Pulver; giftig.

Karma   Die buddhistische Vorstellung, nach der das Schicksal des einzelnen von seinen guten und schlechten Taten bestimmt wird, die in diesem und vergangenen Leben vollzogen wurden.

Li   Eine chinesische Meile.

Ling   Von der Luft getragene embryonische Partikelchen menschlichen Ch'i.

Lo   Kantonesische Bezeichnung für Priester.

Ru-shr   Das sich im Rahmen unserer Erfahrung Befindliche, also »logische« Lösungen.

Tao, Taoismus   »Der Weg«, ein philosophisches Konzept von Einheit. Die Religion und Philosophie, die aus diesem Konzept hervorgehen.

Tsai »Nahrung« und »Geld«.

Tun-Fu Eine Zeremonie zur Besänftigung von Geistern.

Tzu-wei Der Nordstern.

Yin-Yang Das taoistische Konzept, nach dem alles
Gegensätzliche miteinander verbunden ist.

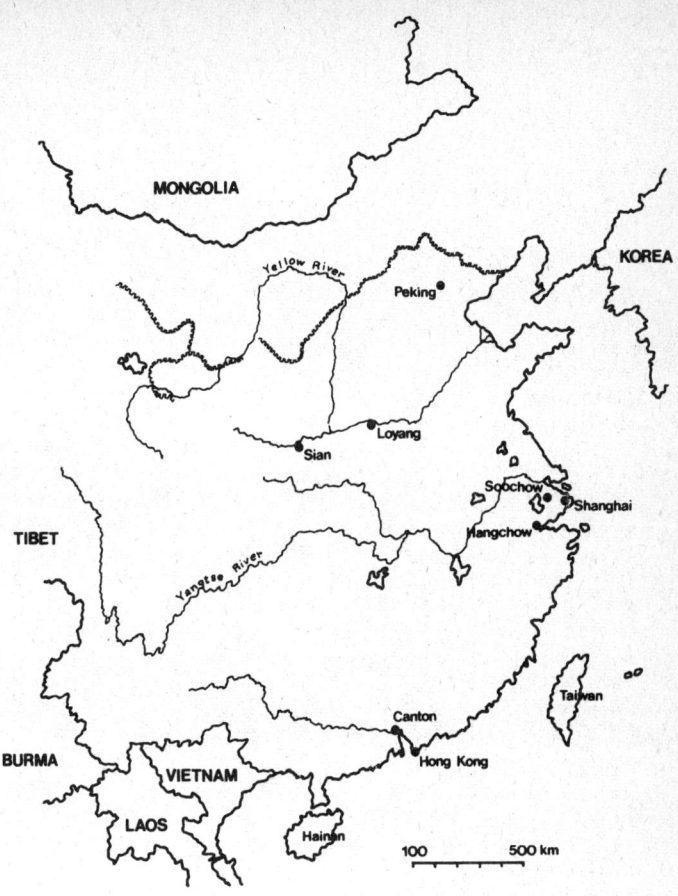

Karte von China

17

1

Einleitung:
Was ist Feng-Shui?

Chinesen schreiben oftmals Erfolg oder Mißge-
schick nicht primär menschlichem Handeln zu, sondern den Einflüssen geheimnisvoller Erdkräfte. Genannt *Feng-Shui* – wörtlich »Wind und Wasser« –,
hält man diese Kräfte verantwortlich für das Bestimmen von Gesundheit, Wohlstand und Gelingen. Die
Kaiser Chinas konsultierten Feng-Shui-Experten,
bevor sie großangelegte öffentliche Anlagen bauen
ließen oder Kriege begannen. Chiang Kai-sheks Aufstieg zur Macht wird auf das besonders günstige
Feng-Shui des Grabes seiner Mutter zurückgeführt.
Sein Niedergang sei durch das Öffnen des Grabes
durch die Kommunisten ausgelöst worden, heißt es.
Manche Chinesen glauben, daß der vorzeitige Tod
des Kung-Fu-Königs Bruce Lee seinem unheilvollen
Haus zuzuschreiben ist.
Obwohl Feng-Shui offiziell seit Bestehen der Volksrepublik China verboten ist, wird noch heute weit-
verbreitet, wenn auch im Verborgenen, daran festgehalten, vor allem in ländlichen Gegenden. In Hongkong ist es allgegenwärtig und wird von den meisten
Chinesen dort sowie manchen Westlichen in dieser
oder jener Form angewendet. In den Vereinigten

Staaten beginnt es sich zu verbreiten. Ein Bankier der *Hongkong and Shanghai Bank* sagte dazu: »Wenn meine Kunden daran glauben, nun, dann tue ich das auch.«

Trotz des Anscheins des Geheimnisvollen, der Feng-Shui umgibt, entwickelte es sich aus der einfachen Beobachtung heraus, daß Menschen zu ihrem Vorteil oder Nachteil von ihrem Umfeld beeinflußt werden: der Lage und Orientierung von Arbeitsstätten und Wohnhäusern. Zusätzlich haben die Chinesen seit langem festgestellt, daß manche Umgebungen besser, glückbringender oder gesegneter sind als andere. Jede Erhebung, jedes Gebäude, jede Mauer, jedes Fenster und jede Ecke sowie die Weise, in der sie gegenüber Wind und Wasser ausgerichtet sind, birgt Auswirkungen in sich. Die Chinesen folgerten daraus, daß man mit der Veränderung des Umfelds auch sein Leben verändern kann. Das Ziel von Feng-Shui ist daher, die Umwelt – kosmische Strömungen, die *Ch'i* genannt werden – zu verändern und in Harmonie zu bringen, um das Schicksal positiv zu beeinflussen.

Feng-Shui findet Anwendung vom kleinsten Raum – zum Beispiel einem Schlafzimmer oder sogar der Stellung eines Stuhls – bis hin zu den weitesten, kosmischen Dimensionen. Seine philosophischen Wurzeln umfassen die gesamte Bandbreite des chinesischen Denkens von Taoismus über Buddhismus bis hin zur ländlichen Magie. Feng-Shui umfaßt viele Ebenen, die abergläubische sowie praktische, die sakrale sowie weltliche, die emotionale sowie körperliche. Manche ziehen sogar Parallelen zwischen Feng-Shui und westlicher Psychologie und wissenschaftlichem Denken und glauben, daß seine Metaphysik ähnlich der modernen Physik funktioniert und jegliche Materie und alle Geistesrichtungen in einer vereinigten Theorie verbindet. Carl Jung schrieb: »Das altertümliche chinesische Denken betrachtet den Kosmos in einer Weise vergleichbar mit der des modernen Physikers, der nicht umhin kann einzugestehen, daß sein Weltmodell von ausgesprochen psychophysikalischer Struktur ist.«[1] In der Praxis befindet sich Feng-Shui irgendwo zwischen Wissenschaft und Kunst. Im Westen spricht man dabei oft von *Geomantie,* doch ist diese nicht wirklich mit Feng-Shui identisch. Feng-Shui umfaßt mehr als Geomantie. Außer, daß sich damit Wohnbereiche mit optimalem Komfort für Geist und Körper gestalten lassen, beinhaltet Feng-Shui auch astrologische und andere »übersinnliche« Aspekte. Feng-Shui-Fachleute berücksichtigen Orientierung (oftmals unter Zuhilfenahme eines kosmischen Kompasses), Zusammenstellungen und Nachbarschaften. Lin Yun, ein führender Feng-Shui-Experte aus Hongkong, erklärt: »Ich modifiziere Wohnraum, um ihn in Harmonie mit den Ch'i-Strömungen zu bringen«, also mit der Natur des Menschen und dem kosmischen Atem. »Die Formen von Betten, die Form und Höhe von Gebäuden, die Richtungen von Straßen und Ecken, sie alle beeinflussen das Schicksal des Menschen.« Unter diesem Gesichtspunkt verlangte eine internationale Architekturausschreibung für einen Multimillionen-Dollar-Komplex in Hongkong neben den üblichen technischen Überlegungen zusätzlich die maßgebliche Berücksichtigung von Feng-Shui.

Die Honorare für Feng-Shui-Beratungen fallen recht unterschiedlich aus. Choi Pak-lai, einer der berühmtesten Feng-Shui-Priester Hongkongs, verlangt ungefähr zwei Dollar pro Quadratmeter Bodenfläche bei einer Beratung. Shau Fon-fon, die in den Vereinigten Staaten studierte und heute als Schauspielerin und Geschäftsfrau in Hongkong aktiv ist, bezog eine geräumige neue Wohnung und gab dabei $ 10 000 für Innenarchitektur aus – $ 3000 davon in Zusammenhang mit Feng-Shui.

Feng-Shui ist in Hongkong dermaßen verbreitet, daß die Leute darüber witzeln, die Praktiker müßten mit den Bauunternehmern unter einer Decke stecken oder zumindest Aktienpakete von Spiegelfabriken besitzen (Spiegel sind ein bedeutender Teil von Feng-Shui-Lösungen). Sogar die Warenbörse bleibt davon nicht verschont. Ein Börsenreporter berichtete von der spürbaren Verbesserung an der Baumwollbörse, nachdem am Saalausgang die einfache Tür, die in einen kleinen Vorraum führte, durch eine Drehtür ersetzt wurde, die zu einer geräumigen Laderampe führt.

Obwohl nur wenige der Feng-Shui-Praktiker Hongkongs Englisch sprechen, haben die Amerikanische Handelskammer, die *Far Eastern Economic Review* sowie die britische Handelsbank N. M. Rothschild Feng-Shui-Beratungen in Anspruch genommen. Der in Hongkong arbeitende Architekt Ignatius Lau berichtet, daß vor dem Bau jedes offiziellen Gebäudes die englische Kolonialverwaltung einen ansässigen Feng-Shui-Priester konsultiert, um sicherzustellen, daß der Bau auch korrekt nach Wind und Wasser ausgerichtet sein wird. Sogar der Chefredakteur von

Newsweek, Maynard Parker, erzählte, daß er zwar nicht viel von Feng-Shui gehalten habe, doch als er gewarnt wurde, daß die Wohnung, die er in Hongkong mieten wollte, mit schlechtem Feng-Shui behaftet sei, er sich ein anderes Quartier suchte.

Feng-Shui ist in die Vereinigten Staaten übergesiedelt. Eine Frau in New York, die ihre Luxuswohnung zehn Jahre lang bewohnte, ließ sich eher zufällig von einem Feng-Shui-Praktiker beraten. Seine Prognose fiel nicht gut aus. Sie müßte umziehen, sagte er, wenn sie überleben wolle. Innerhalb einer Woche nach der Beratung war sie dem Rat gefolgt – und so weit mir bekannt ist, lebt sie noch. In das Büro des Grafikers Milton Glaser war sechsmal eingebrochen worden, also schickte er den Grundriß samt Möblierungsplan an einen Feng-Shui-Fachmann in Hongkong. Nachdem er dessen Anweisungen befolgt hatte – ein Aquarium mit sechs schwarzen Fischen installierte und eine rote Uhr anbrachte –, waren keine weiteren Einbrüche mehr zu beklagen. Bevor Johnny Kau 1980 in der Stadt Washington sein Restaurant *House of Hunan* in einem Lokal eröffnete, in dem bereits zwei Geschäfte Pleite gemacht hatten, ließ er sein 800 000-Dollar-Renovierungsvorhaben nach Feng-Shui-Gesichtspunkten überprüfen. Heute, sagt er, blüht das Geschäft dank Feng-Shui. »Es ging besser voran, als ich erwartet hatte«, meint er mit einem Blick auf die restlos belegten Tische und die lange Warteschlange.

Trotz seiner pragmatischen Aspekte ist Feng-Shui gewissermaßen ein »Stein von Rosette«, der den Menschen und seine Umwelt, die alten Wege und das moderne Leben, verbindet. Es übersetzt die

Sprache natürlicher Formen und Phänomene, der von Menschen geschaffenen Bauten und Symbole und die der andauernden Bewegungen des Universums, zu denen die Mondphasen wie auch die Ausrichtungen der Sterne gehören. Feng-Shui ist der Schlüssel zum Verständnis des stillen Dialogs zwischen Mensch und Natur, der von einem kosmischen Atem oder Geist – Ch'i – getragen wird. Die chinesische Bezeichnung *Ch'i* steht für eine Lebenskraft oder -energie, die Wasserflächen kräuselt, Berge entstehen läßt, Pflanzen, Bäumen und Menschen Leben einhaucht und den Menschen seinen Lebensweg entlang bewegt. Ist Ch'i fehlgeleitet, so kann das Leben und Glück des Menschen versagen. Man spürt das Ch'i und ist davon beeinflußt, obwohl man es vielleicht nicht weiß.

Feng-Shui-Fachleute entsprechen der Notwendigkeit, unsere Umwelt zu erspüren, sie zu entziffern und sie zu interpretieren. Sie beobachten in der Natur vorkommende Muster wie auch unsere Reaktionen darauf. Sie lauschen der Symphonie miteinander verbundener Ereignisse und den unsichtbaren kosmischen Kräften, die unseren Körper, unseren Geist und, letztendlich, unser Schicksal beeinflussen.

---

[1] Carl Jung, Vorwort zu *The I Ching or Book of Changes,* Übers. Richard Wilhelm (Princeton, N. J.: Princeton University Press, 1950), S. XXIV.

2

Ursprünge

Ich erklettere den Weg zum Kalten Berg,
den Weg zum Kalten Berg, der nie endet.
Die Täler sind lang und mit Felsen besät,
die Bäche breit und mit dichtem Gras gesäumt.
Das Moos ist glatt, doch fiel kein Regen;
Kiefern seufzen, doch es ist nicht der Wind.
Wer kann sich den Fallen der Welt entreißen
und sitzt bei mir zwischen den weißen Wolken...?
Zwischen tausend Wolken und zehntausend Bächen
lebt hier ein müßiger Mann,
der am Tage über grüne Berge wandert,
des nachts heimkehrt, um an der Klippe zu schlafen.
Rasch vergehen die Frühlinge und Herbste,
doch mein Geist ist friedvoll, frei von Staub und
Täuschung.
Wie angenehm zu wissen, daß ich keine Stütze
benötige,
ruhig zu sein wie die Wasser des Flusses im Herbst.

Han-Shan, »Kalter Berg«[1]

In China herrscht kein Mangel an eindrucksvollen
Landschaften. Seit Jahrhunderten lassen sich die
Chinesen inspirieren durch sich windende, schroffe
Bergketten, deren Spitzen mit dem dunstigen Him-

mel verschmelzen und Flüsse, die sich durch frucht-
bare Täler schlängeln und gelb- und grünfarbene
Flickmuster verschiedenförmiger Reisfelder nähren. Dichter des 8. Jahrhunderts feierten die Natur
in ihren Versen, huldigten dem Mond, dem Himmel,
den Bergen und den Strömen. Maler der T'ang-Dynastie (618–906 n. Chr.) verherrlichten die Weite, die
Kraft und den Frieden der Natur. Auf Seidenrollen
schufen sie Miniaturpanoramen von zackigen, em-
porragenden Gebirgshöhen, von schnurgeraden
Wasserfällen, die sich durch Wolkenschleier hinab in
Kluften und Schluchten stürzen, von winzigen Holz-
brücken, die noch kleinere weise Eremiten überque-
ren. Taoistische Denker wurden zu Jüngern der Natur, idealisierten sie, suchten eine Harmonie mit
dem natürlichen »Weg«, eine Identität mit dem Kosmos. Dichter, Künstler und Philosophen sehnten
sich allesamt danach, in den großen Plan zu passen,
in die Ausgewogenheit und Unsterblichkeit der Natur. Aus dieser Verehrung der Natur ging die frühe
chinesische Religion hervor (Taoismus), die Wissenschaft (Astronomie, Geologie, Magnetik und Alche-
mie), der Aberglaube (Astrologie, Schamanismus
und Weissagung) und letztlich – als eigenartige
Kombination von allen dreien – Feng-Shui.

Mensch und Natur

Die Chinesen erkannten eine magische Verbindung
zwischen Mensch und Landschaft: Die Natur reagiert auf jede Veränderung, und dieses Reagieren
findet im Menschen seinen Widerhall. Sie sahen die

Welt und sich selbst als Teil eines heiligen metabolischen Systems. Alles pulsierte mit Leben. Alles war von allem anderen abhängig. Die Chinesen waren der Auffassung, daß sie ein gemeinsames Schicksal mit der Erde teilten. War diese gesund und fruchtbar, so gediehen sie; wenn die Ausgewogenheit zerstört wurde, litten sie. Also war es im Sinne von Feng-Shui angebracht, die Umwelt zu verbessern, statt sie zu schädigen oder auszubeuten und somit die Chancen für Wohlergehen und Glück zu gefährden.

Die Wurzeln des Feng-Shui entspringen einer primitiven bäuerlichen Lebensführung, bei der das Schicksal des Menschen unlösbar verstrickt war mit den Launen und Zyklen von Himmel und Erde, dem Wetter, der Fruchtbarkeit der Erde, Überschwemmungen, der Verfügbarkeit von Wasser und dem Sonnenschein. Der Mensch war der Natur ausgesetzt, also war er ihr gegenüber wachsam.

Von dem halbgöttlichen Kaiser – dem Mittelsmann zwischen Himmel und Erde – bis hin zum schuftenden Landvolk kreisten jedes Jahr die Sorgen um die Ernte. Der Herrscher wie auch sein Volk suchten in der Natur Anzeichen für Dürre, Überschwemmung und Hungersnot. In der Landwirtschaft war der Bauer von der Natur für seinen Lebensunterhalt abhängig. Auf Regierungsebene suchte der Kaiser in der Natur die Bestätigung seiner Berechtigung zu herrschen, sein Mandat des Himmels. Seit der Chou-Dynastie (1122–256 v. Chr.) richteten die Kaiser im Namen ihres Reiches jährliche Appelle an den Himmel, um gute Ernten, Gesundheit und Frieden zu sichern. Eine Naturkatastrophe bedeutete, daß dem

Kaiser die Ausgewogenheit zwischen Himmel und Erde entglitten war und ihm die Gefahr drohte, gestürzt zu werden. Also bediente er sich spezieller Berater, die Vorzeichen erkennen und deuten sollten.

Kontrolle über die kreativen sowie destruktiven Kräfte der Natur – die Beherrschung des Windes und der Wasser – war daher lebenswichtig. »Wer das Wasser kontrolliert, regiert das Reich«[2], lautet ein alter chinesischer Spruch. Die Machterhaltung eines Kaisers hing also ab von der Kontrolle von Überflutungen sowie Flüssen und Kanälen.

China, ein Land, das größer als die USA inklusive Alaska ist, weist stark voneinander differierende Naturbedingungen auf. Im Norden, wo kalte Winde an den Häusern rütteln, bieten Berge und Bäume Schutz. Im Süden, wo Überschwemmungen in jedem Jahr Ernten, Häuser und Menschenleben bedrohen, bieten sich auf den Bergen höher gelegene Standorte an, und Entwässerungssysteme begrenzen den Schaden. In flachen Lößgebieten wie der Loyang-Gegend, wo starke Winde die sandige Erde verwehen, schufen die Chinesen ein Netzwerk von Tunnelbauten als Schutz vor dem Wind.

Vor Tausenden von Jahren, als die chinesische Zivilisation in den fruchtbaren Tälern des Gelben Flusses und des Wei-Flusses entstand, entwickelten sich auch die Grundvoraussetzungen des Feng-Shui aus der topographischen und geographischen Natur der Gegend heraus, eine Mischung von rauhen Bergen, Hochebenen, Flüssen, Tälern und Steppen. Lange bevor es Architekten gab, wurden Naturphänomene wie Wind und Wasser als heilige Zeichen angesehen, die Schamanen auf geheimnisvolle Weise zu erkennen gaben, welche die besten Orte für ein Haus, einen Altar oder eine Grabstätte waren.

Die alten Chinesen stellten fest, daß ein Haus, das in halber Höhe an einem Hügel lag und vom Nordufer eines Flusses aus nach Süden blickte, optimale Sonne erhielt, vor den heftigen Winden und Überschwemmungen geschützt war und dennoch Zugang zu Wasser hatte, damit die Felder bewässert werden konnten. An einem solchen Standort war das Überleben am leichtesten: Reis, Gemüse und Obstbäume gediehen in der Sonne, das Vieh hatte saftige Weiden, und das Haus war im Winter relativ warm. Ein solches Umfeld erwies sich als bequem und harmonisch und begünstigte das Überleben der Einwohner, ihre Unternehmungen und ihren Wohlstand.

Wenn ein solcher glückbringender, idealer Standort unerreichbar war, führte die Suche nach Abhilfe zum Studium von Feng-Shui. Bald danach entwickkelte sich das Bestreben nach der Herstellung geeigneter Lagen zu einer fundamentalen Umweltwissenschaft, deren Ziel die Kontrolle über das Umfeld des Menschen war.

Feng-Shui unterstützt die modernen Auffassungen von Ökologie und Umweltschutz. Seine Botschaft lautet: Pflege den Einklang mit der Natur und störe sie nicht. In die Natur einzugreifen könnte sie aus dem Gleichgewicht bringen. Die Konsequenzen von Eingriffen in die Umwelt reichen von ihrer Vergiftung bis hin zu Überbevölkerung. Veränderungen müssen daher gewissenhaft geplant und durchgeführt werden. Das unüberlegte Eingreifen in die Natur kann ganze Folgen von Geschehnissen auslösen, deren Auswirkungen unvorhersehbar sind. (Die Chinesen hielten sich nicht immer an das, was sie predigten. Im Verlauf des 19. und 20. Jahrhunderts wurde zur Gewinnung von Brennholz im Norden übermäßig gerodet, wodurch das ökologische Gleichgewicht drastisch verändert wurde und sich ein dicht bewaldetes Gebiet in eine Staubebene verwandelte.)

Die heilige Kunst der Plazierung

Die Chinesen hielten immer den Standort für außerordentlich wichtig, sei es in der Landschaft, auf der Erde oder im Kosmos. Um einen korrekten Ort festzustellen, bedienten sie sich mystischer Methoden, von Zahlenkunde und Astrologie bis hin zu Orientierung und bildlicher Vorstellung. Sie wollten beispielsweise Bedeutung verleihen, indem sie Städten, Gebäuden und Menschen Namen gaben, welche eine zentrale Kraft ansprachen und beschworen. Selbst der Name Chinas, *Chung-guo,* bedeutet »Reich der Mitte«, die Nation als Nabe des Universums, das Herz, zu dem alle Kraft hinfließt und von dem noch größere Kraft ausgeht. Der Palastbereich des Kaisers in Peking, die »Lilafarbene Verbotene Stadt« (*Tzu Chin Ch'eng*), deutet auf den Nordstern hin, *Tzu Wei,* um den sich alle Sterne drehen. Dort erwog der Kaiser, Sohn des Himmels, das Schicksal des Landes und bewahrte den Frieden zwischen Himmel, Erde und Mensch.
Doch entsprangen Kraft und Glück ursprünglich

der Landschaft. Die Chinesen gaben ihrer Umgebung heilige Bedeutungen, die sie von natürlichen Formen, Wuchs und Orientierung ableiteten. Die Erde trug viele Erscheinungsbilder, vom Drachen bis hin zum körperlosen Gott, die alle kosmische Kräfte besaßen, welche das Schicksal des Menschen beherrschten. Das gesamte chinesische Universum war erfüllt von Göttern, Geistern und Wesen, die im Himmel und auf der Erde lebten, im Mond und in der Sonne, dem Meer und auf dem Land.

Der chinesische Kosmos war jedoch holistisch und verband alle natürlichen Vorkommnisse in einem Körper. Laut einem Entstehungsmythos war die Landschaft keine chaotische Masse von Bergen, Flüssen und Wäldern, sondern eine verwandelte Gottfigur.

> Der Ursprung der Welt lag in einem Ur-Ei, aus dem ein Gott schlüpfte, der 18 000 Jahre lebte. Dann starb er. Sein Kopf spaltete sich und wurde zur Sonne und zum Mond, sein Blut bildete die Flüsse und Meere, sein Haar die Pflanzen, seine Glieder die Berge, seine Stimme den Donner, sein Schweiß den Regen, sein Atem den Wind – und seine Flöhe wurden die Vorfahren der Menschen.[3]

Also bauten die Chinesen ihre Häuser nicht in einer undefinierten, unbekannten Wildnis, sondern auf dem Fleisch einer Gottfigur, die einst menschliche Form gehabt hatte und menschliche Parasiten hervorgebracht und genährt hatte. Auf religiöser Ebene stellt Feng-Shui das Bemühen dar, mit dem Ur-Gott, der Ur-Erde, zu kommunizieren sowie Segen und

Kraft daher zu erlangen, seine Macht und Ressourcen anzuzapfen.

Feng-Shui-Experten

Feng-Shui-Experten sind gleichzeitig Priester und Ärzte für Umweltmißstände. Sie beherrschen das sakrale sowie weltliche Wissen um die Schicksale von Mensch und Erde. Als Priester nehmen sie die sichtbaren sowie unsichtbaren Zeichen und positiven Kräfte im Kosmos wahr und interpretieren diese. Sie definieren den Platz des Menschen im Universum. Als Ärzte erspüren sie den Pulsschlag der Erde, bestimmen den Ort, wo der Mensch das gesündeste, produktivste, ertragreichste und glücklichste Leben führen wird und wo Bauten den Kreislauf der Erde am wenigsten stören werden.

Da er der Umwelt gegenüber sensibilisiert ist, kann der Feng-Shui-Experte natürliche Gegebenheiten wie Berge, Bäume, Wind, Wasser und die Anordnung der Gestirne analysieren. Wahrscheinlich war der frühe Feng-Shui-Fachmann ähnlich dem »Regenmacher«. Er sammelte Informationen aus seinem Umfeld, erkannte die Botschaften und Vorzeichen im Wind, in der Färbung des Laubes, des Mondhofes, dem Geruch von Regen, dem Verhalten von Insekten und Tieren, der Feuchtigkeit von Gestein und den Sternen. Mit dem besten Ch'i der Natur Schritt zu halten und daraus Kraft zu schöpfen, verlangt besondere Talente und spezielles Wissen. Lin Yun erklärt dazu:

Wir besitzen viele Sinne, nicht nur die fünf üblichen – Gehör, Geruch, Geschmack, Sehen und Tasten –, sondern viele weitere. Wir alle haben Einsichten. Wir nehmen Gefühle auf von Menschen, Orten, Träumen und atmosphärischer Energie. Manche Menschen vermitteln uns eine Art unguter Vorahnung. Manche Orte geben uns ein glückliches, gelassenes Gefühl. Wir nehmen diese noch unbenannten Gefühle auf und erkennen aus ihnen intuitiv Realität und Schicksal.

Er behauptet, daß Menschen mehr als hundert »Sinne« haben, von denen die meisten latent präsent sind. Feng-Shui-Fachleute haben ihre Sinne entwickelt, um bewußter sein zu können, mehr von ihrem Umfeld aufzunehmen. Wie ein Kurzwellenradio benutzen sie ihre psychische »Antenne«, um Botschaften, Signale und auch Rauschen aus ihrer Umgebung aufzunehmen.

Heutzutage ist Feng-Shui ein komplexes System, welches manche Chinesen selbst anwenden, jedoch suchen die meisten professionellen Rat auf. Der Rat fällt aufgrund der verschiedenen Theorien, nach denen heute praktiziert wird, unterschiedlich aus. Ungefähr im 3. Jahrhundert n. Chr. war Feng-Shui in zwei Hauptschulen unterteilt. Die eine, welche in der Provinz Fukien entstand, betonte die Richtung und war in ihrer Praxis auf einen kosmischen Kompaß angewiesen. Auf diesem sind die Beziehungen der diversen Elemente des chinesischen Universums – der Sterne, des *I Ging* (Das Buch der Wandlungen) und weiteres – zueinander in konzentrischen Kreisen angegeben, die um eine magnetische

Kompaßnadel herum angeordnet sind. Die andere Schule, welche in der Provinz Kiangsi entstand, befaßte sich mit den Formen und Richtungen von Land- und Wassermassen. Im 12. Jahrhundert erblühte Feng-Shui durch die metaphysischen Theorien des Chu Hsi, ein geachteter Scholastiker, der »die Untersuchung der Dinge, die zu einer Erweiterung des Wissens führt« lehrte.

Historisch gesehen gehörten zu den Feng-Shui-Kundigen Männer, die des Lesens und Schreibens kaum mächtig waren, aber auch Gelehrte und Priester aus Buddhismus und Taoismus. Obwohl es einige geschriebene Feng-Shui-Texte gibt, wurde der größte Teil der Information mündlich überliefert, oftmals vom Vater an den Sohn. (Feng-Shui-Frauen gab es nicht, da die konfuzianische Tradition verhinderte, daß wichtiges und heiliges Wissen dem weiblichen Geschlecht übergeben wurden: »Lehrt Söhne, nicht Töchter.«)

In den Augen der Chinesen gibt es unter Feng-Shui-Fachleuten, wie in meist allen Berufen, alle Schattierungen von Weisen bis hin zu Scharlatanen. Manche von ihnen bekleiden angesehene Positionen in ihren Gemeinden und wenden Feng-Shui nicht nur an, um Standorte zu bestimmen, sondern auch, um Streitereien auf örtlicher Ebene zu schlichten. Andere wiederum sind weniger gemeinnützig gesinnt und schröpfen Ratsuchende gründlich, wofür sie dann als Gegenleistung Feng-Shui-Rhetorik erteilen. Um die Jahrhundertwende verlangte beispielsweise ein Geomant in der Nähe von Kanton den astronomischen Gegenwert von $ 3000 dafür, daß er eine glückverheißende Grabstätte für eine reiche Frau bestimmte. Feng-Shui-Betrüger sind nicht selten: Sie verordnen frei erfundene Problemlösungen, was manche Skeptiker dazu veranlaßt, die Bezeichnung »Feng-Shui-Professor« anstelle des Wortes »Lügner« zu verwenden.

Die Chinesen sind nicht darüber erhaben, das Mystische zu beschwören, um das Alltägliche zu lösen. Während einige von ihnen mit philosophischen Neigungen Feng-Shui als einen Weg sehen mögen, im Einklang mit dem Kosmos zu sein, sehen die ambitionierteren Feng-Shui als ein Mittel, anderen gegenüber im Leben einen gewissen Vorsprung zu haben. Dennoch sehen viele von ihnen Feng-Shui als Paradox an: Während manche es als Aberglaube verdammen, wenden sich die meisten nicht gänzlich davon ab, da sie vermuten, daß Feng-Shui-Experten besondere, ihnen eigene Weisheit, Macht und Kenntnisse besitzen.

Feng-Shui-Fachleute bewahren die Geheimnisse ihrer Praxis. Diese zeigt sich in diversen Formen in Korea, Japan, Laos, Thailand, den Philippinen, Vietnam, Malaysia und Singapur. Die Feng-Shui-Methoden entsprechen einer Reihe von örtlichen Bedürfnissen; in Malakka, Malaysia, ist das ein Dorfweiser; im sich rasch ausbreitenden Singapur, wo nicht einmal die Toten in Frieden ruhen können, ist es ein Exhumierer; oder es ist ein öffentlichkeitsbewußter Geschäftsmann, der ein Feng-Shui-Experte wurde, oder ein hauptberuflicher Feng-Shui-Fachmann, der zum finanziell erfolgreichsten Geomanten von Hongkong wurde.

Feng-Shui-Fachleute von heute entsprechen nicht unbedingt unserem Bild des klassischen chinesischen Weisen – keine langen Seidengewänder, keine schütteren weißen Bärte. Wenn der auf Bürstenschnitt frisierte Chen To-sang das Ahnengrab eines Klienten überprüft, trägt er leuchtend gelbe Turnschuhe. Choi Pal-lai zieht maßgeschneiderte Dreiteiler vor. Obwohl er auch gelegentlich eine klassischchinesische Baumwolljacke trägt, hüllt Lin Yun seine füllige Form im allgemeinen in bunte Hawaii-Hemden und schwarze Hosen und trägt dazu Schuhe, die etwas mehr Höhe verleihen.

Schwarzhut-Feng-Shui

Feng-Shui nach Art der Tibetisch-Tantrischen Schwarzhut-Sekte wird nur von einer Handvoll von Experten ausgeübt, darunter Lin Yun. Schwarzhut-Feng-Shui ist eine Hybride aus vielen Bräuchen, Gedankenrichtungen und Praktiken. Es entstand auf dem langen Weg des Buddhismus von Indien über Tibet bis nach China. Auf diesem Wege gewann es an philosophischen Theorien, Ritualen und Disziplinen der Länder hinzu, die es passierte. Aus Indien hat es den Begriff des Mitgefühls, *Karma*, die Praktik des Yoga und die Struktur einer organisierten Kirche, vollständig mit lehrenden Mönchen und religiösen Ritualen. In Tibet erhielt es magisches und mystisches Wissen und Riten wie die Gesänge und Beschwörungen. Nach seiner Ankunft in China wurde es von der dort ansässigen Kultur geprägt – der Yin-Yang-Theorie und dem Taoismus, Ahnenverehrung und Animismus, Weissagung und Feng-Shui und sogar traditionelle Heilverfahren gegen jedes nur erdenkliche Problem, von Magendrücken bis hin zu übelgesinnten Geistern, von akademischen Ambitionen bis hin zur Entbindung, von dem Erlangen von Reichtum und Macht bis hin zum Bewirken der Vernichtung der eigenen Feinde.

Ein Ergebnis all dessen – Schwarzhut-Feng-Shui – ist eine praktische, eklektische Version von Feng-Shui, die sich hauptsächlich auf Intuition und mystisches Wissen stützt. Seine Feng-Shui-Lösungen sind logisch – *ru-shr*, was »innerhalb unserer Erfahrung oder Kenntnis« bedeutet – und unlogisch – *chu-shr*, also »außerhalb unserer Erfahrung«.

Weissagung

Einer der Ursprünge von Feng-Shui war die chinesische Weissagung. Die alten Chinesen benutzten Omen, um über Heilverfahren bei Krankheiten zu entscheiden, über Opfergaben, die Zweckmäßigkeit von Kriegen, die Aussichten bei der Jagd, den Akkerbau und Chancen beim Fischfang und um die glücklichsten Zeiten und Standorte zu bestimmen.

Eine Form von Weissagung, die Feng-Shui beeinflußte, war die Astrologie, ein himmlisches Modell der kosmischen Ordnung auf der Erde. Der Kaiserpalast in Ch'ang-an, der ersten Hauptstadt des kaiserlichen Chinas aus dem 3. Jahrhundert v. Chr., war, nach Auffassung mancher Menschen, entlang den astrologischen Bahnen des Großen Bären und nach seiner Form angelegt, eine besonders günstige Konstellation, die sich um den unveränderlichen Polarstern drehte und zu ihm hin zeigte. Somit saß der Kaiser im Mittelpunkt irdischer Macht.

Weissagung und Riten sind für den Westen nicht neu. Vor dem Bau einer Stadt bestimmten die Griechen und Römer die Eignung des Standortes, indem sie die Lebern von Tieren untersuchten, die dort weideten, um festzustellen, ob diese gesund waren. Auch setzten sie Astrologen ein, um sicherzustellen, daß die Stadt nach dem Kosmos orientiert war. Und wie die meisten Städte in China, waren auch die im Abendland im allgemeinen entlang einer Nord-Süd-Achse ausgerichtet.

Doch mehr als durch die Astrologie wurde Feng-Shui von den prätaoistischen Texten des *I Ging* oder *Buches der Wandlungen* beeinflußt. Hervorgegangen aus der Weissagungsmethode der »Orakelknochen«, bei der Schildkrötenpanzer und die Schulterblätter von Ochsen über Feuer erhitzt wurden, um dann in mehreren »Ja«- oder »Nein«-Richtungen zu reißen, ist das *I Ging* der Ausgangspunkt chinesischen Denkens und Handelns. Es betont die Verbindung zwischen dem Schicksal des Menschen und der Natur.

Durch das Werfen von Münzen, Holzklötzchen oder Schafgarbenstengeln erhielten die Chinesen Trigramme, aus denen sie Vorzeichen, Anweisungen und Weisheit interpretierten. Diese Trigramme symbolisieren die Natur: Himmel, Erde, Donner, Berg, Feuer, Wind, See und Wasser. Sie bilden weitere Begriffe wie Verwandtschaft (Mutter und Vater), Kardinalrichtungen, Zeiten und letztendlich diverse Stadien der Veränderung.

Das *I Ging* unterstreicht ein grundsätzlich chinesisches Phänomen: andauernde zyklische Umwandlung. Philosophisch betrachtet gibt es einen Überblick über das Universum als Einheit und allen darin enthaltenen Dingen als in ständiger Bewegung befindlich. In der Weissagung ist die Aussicht nie statisch: Wenn die Umstände gut sind, lauert die Gefahr hinter der nächsten Ecke; ist die Lage schlecht, so werden sich die Dinge zum Guten wandeln – andauernde, sich erneuernde Umwandlung. Der Mensch treibt mit dem Auf und Ab der Gezeiten der Natur.

I Ging-Symbole beschwören kosmische Kraft und Energie und werden als Glücksbringer und Verwünschungen verwendet. Auf dem kosmischen Kompaß geben sie den Feng-Shui-Fachleuten acht Richtpunkte, wonach Schreibtische, Türen und ganze Gebäude richtig orientiert werden können und dem Menschen der korrekte Kurs im Leben angezeigt wird.

Taoismus

Aus der Betrachtung, Identifikation und der Abhängigkeit von der Natur entstand *Taoismus* (ausgesprochen Dau-), eine Philosophie, die auf den Mustern der Natur basiert. Sie wurde von dem *I Ging* beeinflußt und definiert die Beziehung des Menschen zum Universum. Taoisten glauben, daß der Mensch vom Kosmos, seinem topographischen Austausch und seinen Zeitabläufen beeinflußt wurde. Durch das Studium der Natur kamen die Taoisten zu Erkenntnissen auf wissenschaftlichen Gebieten: Astronomie, Mathematik, Geologie, Kartographie, Mineralogie und Chemie.

Die Taoisten verherrlichten die Natur. Die Liebe zu ihr bestimmte ihre Lebensauffassung. Ihrer Ansicht nach würden die Dinge nicht stimmig sein, bis der Mensch innerlich die Harmonie der ihn umgebenden Natur spiegeln könnte. Sie verherrlichten die Natur in ihren Gedichten. Taoismus »schien die Sehnsucht der Menschen, des Gefühls und der Phantasie nach einer Vision des Ewigen zu beantworten, in der sie das Chaos der Gegenwart vergessen konnten.«[4]

Hoch erhebt sich die Östliche Spitze,
steigt hoch in den blauen Himmel.
Zwischen den Felsen – eine leere Mulde,
unbearbeitet und unbehauen,
von der Natur abgeschirmt durch ein
Wolkendach.
Ist mein Leben endlose Veränderung?
Ich werde für immer in dieser Mulde wohnen,
wo Frühlinge und Herbste ungeachtet
vorbeiziehen.

Tao-yun, 400 n. Chr.[5]

Der Platz des Menschen in der enormen Weite und ewigen Veränderung der Natur scheint bedeutungslos zu sein, »ein Wassertropfen in einem fließenden Strom«. Dennoch ist auch er ein integraler Bestandteil des Universums, wird von dessen Fluß mitgenommen und beherrscht. Das wurde in den traditionellen Landschaftsmalereien ausgedrückt, in denen monolithische Berge neben Bächen emporragen, die von winzigen menschlichen Figuren überquert werden. Es war gleichzeitig ein transzendentaler Trost und ein demütigender Gedanke zu wissen, daß man Teil eines riesigen, ewigen Gebildes war.

Taoisten sehen den Menschen und seine Umgebung als Mikrokosmen des Universums an, *Tao*. Im Idealfall sollte der Mensch die Ausgewogenheit der Natur reflektieren. Ein Weiser des 3. Jahrhunderts, Liu Ling, unterstrich diese Identifikation mit dem Kosmos. Er hielt sich gern nackt in seinem Zimmer auf, auch wenn er Besuch empfing, und sagte seinen schockierten Gästen: »Ich nehme das gesamte Universum als mein Haus und meinen Raum als meine Kleidung. Warum, also, steigt ihr nun in meine Hosen?«[6] Manche Dichter der T'ang-Dynastie betranken sich bis zur traumähnlichen Betäubung, um sich mit der Natur zu vereinen und mit ihr zu kommunizieren. Einem Poeten des 8. Jahrhunderts sagt man nach, er wäre ertrunken, als er in betrunkener Ekstase nach dem Mond griff.

Obwohl es eine Philosophie blieb, wurde der Taoismus auch zu einer weitverbreiteten Religion. Angespornt durch das Eindringen des Buddhismus in China, nahm der Taoismus die Äußerlichkeiten einer organisierten Kirche an, legte sich Priester, Riten und Tempel zu. Um Taoismus populärer zu machen und der wachsenden Beliebtheit des Buddhismus zu begegnen, bedienten sich taoistische Priester auch der traditionellen Bräuche und Weisheit Chinas, wie Folklore, Ehrfurcht der Kinder, Opfergaben, Astrologie, Naturmedizin und Feng-Shui. Daher wurden populäre Formen von Taoismus und Buddhismus austauschbar. Sogar konfuzianische Elemente schlichen sich in den Taoismus ein, da viele seiner Anhänger um akademischen Aufstieg, Kinder und den Segen ihrer Ahnen beteten.

Im Gegensatz zu der taoistischen Philosophie ist die Religion weltlich und pragmatischer. Sie befaßt sich mehr mit alltäglichen Problemen als mit esoterischem Denken. Taoistische Priester wenden Riten an, um den Gläubigen zu helfen, irdische Annehmlichkeiten zu erlangen, wie gesellschaftlichen Status, Wohlstand und eine glückliche Ehe, Dinge, welche die taoistischen Denker bemüht waren, zu transzendieren.

Zusätzlich zu dem umfassenden Repertoire an traditionellen Problemlösungen, legte sich der religiöse Taoismus das *I Ging* und Taosymbole als heilige Glücksbringer zu. Diese kraftvollen religiösen Symbole waren zwar noch von der ursprünglich taoistischen Botschaft des sich ewig verändernden Universums geprägt, wirken jedoch als Vorbeugungen gegen weltlichen Kummer. Im Kreise um einen Spiegel oder ein Taosymbol angeordnet, bilden die Trigramme des *I Ging* ein Zaubermittel mit mystischen Kräften, die angeblich wirksam sind gegen Dämonen, Krankheit und andere unheilvolle Einflüsse, die Wohnhäuser, Läden oder Tempel bedrohen könnten. Solche Zaubermittel werden ähnlich eingesetzt wie das christliche Kreuz gegen Vampire oder Teufel oder eine Jesusfigur auf dem Armaturenbrett, die vor Unfällen schützen soll.

Obwohl die Keime des Feng-Shui bereits vor Tausenden von Jahren gesät wurden, entwuchs das heute praktizierte Feng-Shui den esoterischen sowie populären Formen des Taoismus. Der Platz des Menschen in der Natur sollte von Harmonie geprägt sein. Die Chinesen wendeten Feng-Shui als einen Weg an, die Bestimmung des Menschen mit der Natur zu verbinden, indem sie Bauten, Grabstätten und Menschen in ein Umfeld versetzten, das sie als kosmologisch heilbringend bestimmt hatten.

Das *Tao* des Taoismus bedeutet wörtlich »Weg«, ein Prinzip, Prozeß oder Pfad. Tao ist der ewige Rhythmus des Universums sowie die Weise, in der es funktioniert. Tao ist auch der Weg des Menschen: Beide, das Universum und der Mensch, gehorchen dem gleichen Naturgesetz. Seit Urzeiten sahen die Chinesen den Kosmos als einen Weg, ein sich bewegendes Muster, und dieser Weg war Tao.

Die Wurzeln des Tao entstammen der Beobachtung der zyklischen Wechsel der Jahreszeiten von Sommer zu Winter und wieder zu Sommer, sowie dem täglichen Abwechseln von Sonne und Mond – Gegensätze, die einander andauernd hervorbringen, sich andauernd verändern und dennoch ewig wiederkehren. Gegensätze scheinen ineinander überzugehen, statt in Konflikt zu geraten. Tao vereint alles und veranschaulicht die Notwendigkeit von Natur und Mensch, alle gegensätzlichen Kräfte in eine fluktuierende Harmonie zu bringen.

Tao birgt in sich eine Doktrin sowie einen Prozeß. Im 6. Jahrhundert v. Chr. verwendete Konfuzius Tao, um den moralischen Weg oder die soziale Ordnung zu lehren, wobei er politische und amtliche Verantwortung betonte. Ungefähr zur gleichen Zeit reagierten taoistische Philosophen wie Lao-tse auf Konfuzius, indem sie Tao benutzten, um dem Weg der Natur Ausdruck zu verleihen, und sie mahnten die Menschen, zu einem einfachen Leben und somit zum ursprünglichen Einklang mit der Natur zurückzukehren.

Taoismus bietet eine philosophische Genesis. Lao-tse sagte, daß, wenn Gegensätzliches sich tatsächlich hervorbringt, der Sommer dem Winter weicht, Realität der *Un*realität entsprungen sein mußte: Bevor es ein *ist* gab, war ein *ist nicht*, eine große Leere, eine Einheit des Nichts, oder eine Schale, die vielleicht leer ist, vielleicht voll – sie bleibt undifferenziert. Wie Lao-tse schrieb: »Es war das Namenlose, dem Himmel und Erde entsprangen, das Benannte ist lediglich die Mutter, welche die 10 000 Kreaturen aufzieht...«[7]

Um die Umwelt in Einklang zu bringen, müssen Feng-Shui-Fachleute die Muster des Tao feststellen. Zwei taoistische Konzepte – *Yin-Yang* und *Ch'i* – leiten die Chinesen beim Etablieren von kosmischer Harmonie auf Erden.

Yin-Yang

Yin und Yang, die beiden Urkräfte, die das Universum leiten, symbolisieren Harmonie. Es sind Gegensätze. Yin ist dunkel, Yang ist hell; Yin ist passiv, Yang ist aktiv. Yin ist weiblich, Yang ist männlich. Im *I Ging* ist Yin –– und Yang –. Doch im Gegensatz zu westlichen Vorstellungen von gegensätzlichen Extremen komplementieren sich Yin und Yang. Sie sind voneinander abhängig. Ohne Dunkelheit gibt es kein Licht. Ohne Hitze gibt es keine Kälte. Ohne Leben gibt es keinen Tod. Yin und Yang fügen sich zusammen wie der positive und negative Pol eines Magneten.

Alles enthält Yin und Yang zu einem gewissen Grad.

Yin-Yang-Symbol

Yin und Yang interagieren unablässig und schaffen so zyklische Veränderung. Manche beschreiben diesen andauernden Wechsel als die Bewegung eines Pendels: Der Winter weicht dem Frühling, um nach Monaten wiederzukehren; die Hitze weicht der Kälte, die ihrerseits von Hitze ersetzt wird; die Nacht folgt dem Tage, der nach einigen Stunden der Dunkelheit wieder eintritt. Die Bewegung von Yin und Yang enthält ein Gefühl von Ganzheit. Und der Prozeß, der die beiden vereint, ist Tao.

Lin Yun über die Wirkung von Tao:

Yin und Yang werden eins – und schaffen natürlich und unablässig Tao, die universelle Situation. Der Mond (Yin) tritt hervor, und wenn er weicht, steigt die Sonne (Yang) auf und sinkt wieder, was einen Tag ergibt, und diese Wechselwirkung von Mond und Sonne geschieht natürlich und schafft das Tao von Himmel und Erde. Das Tao des Paares ist, wenn eine Frau und ein Mann heiraten und zur Familie werden, mit jedem Tag geben und empfangen. Oder das Glück kann sich entziehen und dann wieder stärker auftreten und zum Schicksal des Menschen werden, welches nie konstant bleibt, sondern fluktuiert, manchmal gegenwärtig ist und manchmal nicht. Dies ist das Tao des Menschen.

Nach Auffassung der traditionellen chinesischen Medizin muß der Körper ausgewogen bleiben. Die Chinesen sagen, das Innere ist Yin und das Äußere Yang. Wenn etwas nicht stimmt, sagen die chinesischen Ärzte, daß sie das auf eine Unausgewogenheit eines der Prinzipien zurückführen können. Hat man einen verdorbenen Magen (Yin) und empfindet Übelkeit, wird man den Mund öffnen (Yang) und sich übergeben – und dann fühlt man sich besser. Das trifft auch auf die Emotionen zu. Wenn Herz oder Geist beunruhigt oder erregt sind, weint man vielleicht. Ist man zornig, so schimpft man. Die Persönlichkeiten des Menschen müssen auch eine komplementäre Menge Yin und Yang beinhalten, wenn sie die Ehe oder den Beruf harmonisch erfahren wollen.
Im Feng-Shui müssen Yin und Yang eines Hauses oder einer Grabstätte ausgewogen sein, um die dort Wohnenden in Einklang mit ihrer Umwelt zu bringen.

Ch'i

Ch'i ist das wichtigste Element des Feng-Shui. Ein Feng-Shui-Experte schrieb: »Wenn ein Geomant Ch'i erkennen kann, ist das alles, was Feng-Shui ausmacht.« Ch'i ist die Lebenskraft, die Tieren und Pflanzen Leben eingibt, die die Erde vergrößert, um Berge zu bilden und Wasser durch die Bahnen der Erde befördert. Ch'i ist eine Lebensessenz, eine bewegende Kraft, die allem Bewegung verleiht. Ch'i bestimmt die Höhe von Bergen, die Qualität von Blüten, den Grad, zu dem Potential realisiert wird. Ohne Ch'i werden keine Bäume blühen, Ströme werden nicht fließen, und der Mensch würde nicht sein. Und während alle Dinge – Hügel, Bäche, Bäume, Menschen und Steine – Ch'i einatmen, atmen sie es auch aus und wirken so aufeinander.

Ch'i ist in den traditionellen chinesischen Künsten ein alles durchziehendes Konzept, von Akupunktur und Medizin bis hin zu Feng-Shui und Gung-Fu (allgemein »Kung-Fu« genannt). Dieses Konzept beinhaltet solch unterschiedliche Phänomene wie die Energie, die Wellen bewegt; die Entstehung fruchtbarer Erde; was Kampfsportler kanalisieren, wenn sie zuschlagen; was Akupunkteure mit ihren Nadeln aktivieren wollen und sogar die Aura des Menschen. Seit Tausenden von Jahren haben Chinesen Feng-Shui-Experten, beispielsweise architekturelle Rutengänger, damit beauftragt festzustellen, wo das beste Ch'i in einer Landschaft fließt.

Die ersten Erwähnungen von Ch'i gehen so weit zurück wie die des *I Ging*. Später erlangte Ch'i große Verbreitung als Neo-Konfuzianisches Konzept in

Das Schriftzeichen Ch'i

48

den im 12. Jahrhundert entstandenen Schriften des Chu Hsi. In der Auffassung der Chinesen verbindet Ch'i Geist und Materie. Leichtes Ch'i schwebt als Luft; schweres Ch'i sinkt herab und bildet Materie. »Ch'i ist ausgedehnt und vage. Dennoch steigt es auf und ab und bewegt sich in jeder Weise ohne Unterlaß. Das Ch'i, welches aufsteigt, ist das klare Yang, während das, was auf den Boden herabsinkt, das trübe Yin ist.«[8]

Ch'i folgt den Mustern des Tao, sich verändernd, zusammenziehend, ausweitend, einatmend und ausatmend. Manchmal ist es Masse, zu anderen Zeiten gasförmig.

Im Chinesischen hat das Schriftzeichen *Ch'i* zwei Bedeutungen, eines kosmisch und das andere menschlich. Das Ch'i des Himmels umfaßt Luft, Dampf, Gas, Wetter und Kraft. Zum Ch'i des Menschen gehören Atem, Aura, Art und Energie. Die beiden Ch'i-Arten sind keineswegs getrennt. Vielmehr wird das Ch'i des Menschen stark von dem Ch'i des Himmels sowie dem der Erde beeinflußt.

Das Land, welches am meisten von Ch'i beeinflußt wird, ist chinesischen Angaben zufolge das am besten bewohnbare: Blumen, Bäume und Gras wachsen dort am schnellsten, das Vieh dort ist am besten genährt und am nützlichsten, die Menschen dort sind am glücklichsten, am zufriedensten und am erfolgreichsten.

So wie Lin Yun es beschreibt, bewegt sich Ch'i in ständig verändernden Spiralen innerhalb der Erde. Manchmal atmet es aus zur Oberfläche hin, manchmal atmet es ein, hinab in die Tiefen. Es pulsiert immer und manifestiert sich in unterschiedlicher

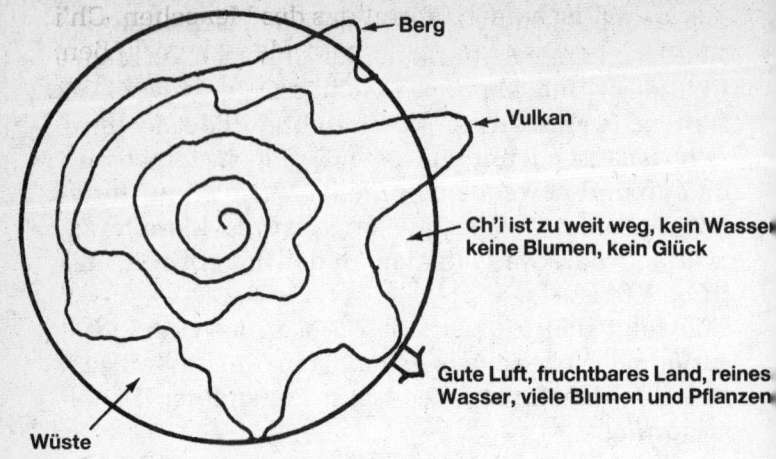

Ch'i und die Erde

Weise: als hoher Berg, als tiefe Schlucht oder als flache Wüste.

Im Verlauf seiner Drehungen kann das Ch'i zur Erdoberfläche hochsteigen und Berge schaffen. Es kann sich dermaßen ausweiten, daß es letztlich als Eruption eines Vulkans entweicht. Wenn sich Ch'i jedoch zu weit von der Erdoberfläche verzieht, wird das Land flach, trocken und wüstenartig sein. Die besten Situationen entstehen, wenn Ch'i fast bis an die Oberfläche heranreicht und dort Berge entstehen, Bäume hoch wachsen, das Gras saftig wird, die Luft frisch und das Wasser sauber, klar und zugänglich ist, Blumen blühen und der Mensch versorgt und zufrieden leben kann. Ist das Ch'i zu weit entfernt, so fließt kein Wasser, Verschmutzung und Krankheit breiten sich aus, und alles mißlingt.

Atmosphärisches Ch'i formt das des Menschen. Ch'i muß reibungslos und nahe dem Menschen fließen, um sein Ch'i zu verbessern. Es muß ausgewogen sein. Ist die Strömung zu stark oder zu schwach, so kann sie negative Auswirkungen mit sich bringen.

Von Beginn des menschlichen Lebens an, heißt es, ist es eng mit dem kosmischen Ch'i verbunden. Dieses Ch'i ist sozusagen das Schicksal eines Menschen. Bei der Zeugung verleiht *Ling* (winzige, von der Luft getragene Partikel von Ch'i), das in die Gebärmutter gelangt ist, dem werdenden Fötus den Lebensfunken. Es handelt sich dabei um die embryonische Form des Ch'i des Kindes. Ch'i durchzieht den gesamten Körper und bestimmt die körperlichen Eigenschaften, die Bewegungen und den geistigen Zustand des Kindes.

Wie die Berge und Flüsse, sagen die Chinesen, wird der menschliche Körper von Ch'i, einer zentralen Energie, getragen. Ch'i bewegt uns, löst das Anspannen von Muskeln und Sehnen aus. Das Ch'i, beispielsweise, das in unsere Arme fließt, erlaubt es uns, den Arm zu beugen, eine Tasse anzufassen und zu halten, Kälte und Hitze zu erspüren und uns somit vor heißen Dingen zu bewahren, an denen wir uns verbrennen könnten.

Ch'i muß stetig und ungehindert durch den Körper fließen können. Ist es zu schwach, so können wir uns nicht bewegen. Wenn es einen Arm nicht durchziehen kann, wird der Arm gelähmt sein. Zirkuliert Ch'i nicht durch die Beine, so werden sie nicht gehen können, und wenn es das Herz nicht erreicht, dann schlägt es nicht mehr, und es folgt der Tod.

Menschliches Ch'i vereint Geist und Materie. Ch'i ist

nicht lediglich ein Signal, das uns zur Bewegung anregt – *Ch'i selbst bewegt uns.* Chinesische Maler betonen die Wichtigkeit des Ch'i etwa in der Kraft des Pinselstrichs. Dieses kreative Ch'i fließt durch den Körper, den Arm, entlang dem Pinsel auf das Papier oder die Seide, und verbindet so den Künstler mit der Schöpfung.

Ch'i, dieser Lebensatem, ist die Aura des Menschen, sein wirkliches Selbst, seine Energie und seine Seele. Von manchen kann es gesehen werden. Es bewegt uns durch das Leben und beeinflußt unser zwischenmenschliches Handeln. Da alle Menschen Ch'i besitzen, beeinflußt jede menschliche Bewegung den Menschen selbst und andere. Es heißt, daß wir Schwingungen aller Art empfangen und abgeben. Wir werden zueinander hingezogen und voneinander abgestoßen, so wie ein Magnet anzieht und abstößt. Was immer es ist, wir reagieren auf die Bewegungen und Haltung anderer und erhalten intuitiv Information, ohne daß sie gesprochen wird. Im Feng-Shui sind Menschen auch sensibel gegenüber dem Ch'i ihrer Umwelt. Atmosphärisches Ch'i formt menschliches Ch'i und bestimmt das menschliche Schicksal. Feng-Shui-Praktiker versuchen, einen glatten, guten Ch'i-Strom zu einer Person hinzuleiten und unheilvolles Ch'i umzuwandeln oder es wegzuleiten.

Menschen besitzen unterschiedliche Arten von Ch'i, was entsprechend unterschiedliche Charaktereigenschaften, Probleme und Reaktionen hervorbringt. Wünschenswert ist eine gleichmäßige Verteilung des Ch'i im gesamten Körper bei Durchziehen des Kopfes, wodurch ein Schein entsteht ähnlich dem

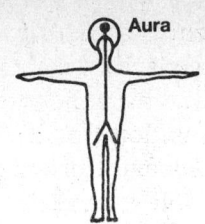

Aura

Buddha

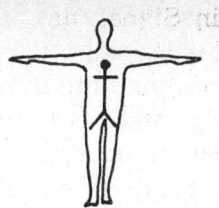

**Scheu,
zurückhaltend**

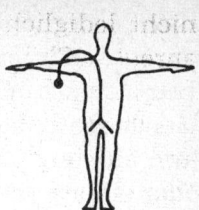

**Versagt bei jeder
Unternehmung**

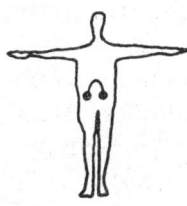

**Selbstmörderisch, sich
selbst besiegend**

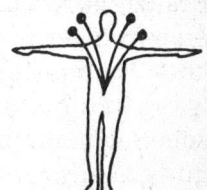

**Fahriges, nicht
kanalisiertes Ch'i**

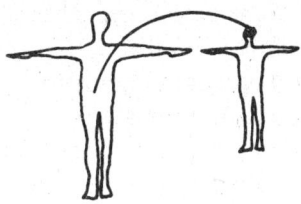

Tagträumerisch

**Nicht gerade Persönlichkeit,
ein unsteter Mensch**

Menschliche Ch'i-Variationen

Haarknoten Buddhas oder dem Strahlenkranz Christi. Ein anderes Ch'i kann weniger entwickelt sein und sich schüchtern im Körper verbergen. Manche Menschen haben schräges Ch'i, das aus den Schultern aufsteigt. Dies ist das Ch'i des Extravertierten oder einer Person, die durchweg von Gelegenheiten und anderen Dingen in ihrem Umfeld abgelenkt wird.

Eine überaus schöne Frau, die einen mit Menschen gefüllten Raum betritt, ohne bemerkt zu werden, besitzt gedämpftes Ch'i oder Auftreten, während eine weniger schöne Frau mit schrägem Ch'i im gleichen Raum Aufsehen erregen würde, wohin sie sich auch wendet, das Bewußtsein (Ch'i) anderer Menschen mit ihrem Ch'i berührt und starke Schwingungen aussendet.

Obwohl das Ch'i im Körper des Menschen verwurzelt ist, kann es gelegentlich zu einem anderen Ort oder in eine andere Zeit gerichtet sein. Die Chinesen sagen dazu: »Der Körper ist gegenwärtig, aber nicht der Geist.« Wir nennen das Tagträumerei. Menschen, deren Ch'i bis in den Hals aufsteigt, aber nicht weiter, können sich nicht verbal behaupten, Prüfungen des Lebens oder harte Zeiten durchstehen. Der, dessen Ch'i den Mund verläßt, bevor es das Hirn erreicht, neigt dazu, ohne darüber nachzudenken, zuviel zu reden. Das Ch'i eines anderen mag nicht kanalisiert sein und in jeder denkbaren Weise austreten, was auf fahrige, nervöse Veranlagung hindeutet, auf einen Menschen, der alles hektisch angeht, ohne echte Wirkung oder Richtung zu haben. Andere Menschen mögen gute Absichten haben, doch wenn sie in die Gesellschaft oder die Welt eintreten, versagen sie – ihr Ch'i steigt zum Herzen auf und fällt schlaff zur Körperseite hinaus. Menschen mit abwärts ziehendem Ch'i besiegen sich selbst und sind selbstzerstörerisch veranlagt.

Lin Yun beginnt die Analyse des Ch'i einer Person, indem er sie anweist, nach links zu blicken, dann nach rechts. Manche Menschen bewegen nur die Augen, andere den Kopf, wieder andere den ganzen Körper. Einige bewegen sich langsam, aber geschmeidig, andere ruckhaft, während manche erst nach links blicken, dann eine Sekunde innehalten und nach rechts schauen. Nachdem er ihr Ch'i diagnostiziert hat, bemüht sich Lin Yun, ihnen beim Auflösen der »Knoten« zu helfen, die ihrer Effektivität und ihrem Glücklichsein im Wege stehen.

Die Chinesen geben zu, daß Feng-Shui seine Grenzen hat. Lin Yun sagt, daß er die Bestimmung eines Menschen manipulieren kann, aber auf ihre allgemeine Richtung keinen Einfluß hat. Er meint dazu:

Jeder besitzt ein Potential und ein Schicksal. Menschen werden damit geboren, daß sie grundsätzlich vom Glück gesegnet sind, mäßig gesegnet sind oder überhaupt nicht. Das ist das Schicksal. Manchmal kann man nichts unternehmen, um Menschen zu helfen – es könnte sogar sein, daß sie sterben müssen. Doch meistens kann man seine eigene Bestimmung durch Initiative, Disziplin und Feng-Shui zu einem gewissen Grad verbessern, um sein Potential zu realisieren. So kann ein Geschäftsmann mit mäßigem Glück mit Ambition und einem glückverheißenden Geschäftsgrundriß finanziell einen Geschäftsmann mit aus-

geprägtem Glück überrunden, dessen Arbeitsräume weniger glückbringend ausgelegt sind.

Laut den Meistern des Feng-Shui beeinflussen Gebäude, Bäume und die Sonne die Qualität und den
Fluß unseres Ch'i, doch erhöhen oder verringern sie
nicht die Menge an Ch'i im Menschen.
Das Ziel von Feng-Shui ist, das Ch'i der Erde anzuzapfen, so, wie es das Ziel der Akupunktur ist, das
Ch'i des Menschen anzuzapfen. Der Feng-Shui-
Fachkundige muß einen Ort finden, wo Ch'i reibungslos fließt und die Prinzipien von Yin-Yang
ausgewogen sind. Wenn das nicht möglich ist, bietet
Feng-Shui Methoden, das Umfeld in Harmonie zu
bringen. Beim Bestimmen des Potentials einer
Landschaft, eines Hauses, einer Grabstätte oder eines Zimmers stellen Feng-Shui-Experten fest, ob
sich das Ch'i ausweitet oder zurückzieht, und machen entsprechende Vorschläge.
Die Chinesen unterscheiden zwischen Yin- und
Yang-Wohnstätten, den Behausungen der Toten und
der Lebenden. Yin-Bauten sind zum Beispiel Lei-
chenschauhäuser, Bestattungsunternehmen und
Mausoleen. Zu den Yang-Bauten gehören Wohnhäuser, Geschäftsräume, Schulen, Läden, Firmenge-
bäude, öffentliche Einrichtungen wie Parks, Flughä-
fen, Fährenanlegestellen, Häfen und Bahnhöfe, städtische Anlagen wie Brücken, Straßen und Gebäude
und gewinnträchtige Projekte mit Entwicklungs-
möglichkeiten wie Ölbohrungen, Fabriken, Renn-
bahnen und Spielkasinos.
Die Untersuchung des Feng-Shui eines Gebäudes
oder einer Grabstätte erfordert im allgemeinen eine

persönliche Visite – sozusagen einen »Hausbesuch« – am Standort. Feng-Shui-Fachleute stellen dann wie Ärzte die Zirkulation und den Puls des Ch'i fest. Während manche von ihnen kosmische Kompasse benutzen, wissen andere einfach, wo und wie sie zu suchen haben, um die Verheißungen des Standortes zu bestimmen.

Ein Feng-Shui-Theoretiker des 17. Jahrhunderts schrieb, daß das Aufspüren eines glückversprechenden Standortes besondere Sinne erfordert – ein geschultes Auge und hochentwickelte Sensibilität.

> Da gibt es einen Hauch magischen Lichts... Er kann intuitiv verstanden werden, aber nicht mit Worten vermittelt. Die Hügel sind lieblich, die Wasser gut, die Sonne schön, die Brise mild, und der Himmel hat ein neues Leuchten: eine andere Welt. Im Durcheinander, Frieden; im Frieden, eine freudige Stimmung. Wenn man in seine Gegenwart gelangt, werden einem die Augen geöffnet, sitzt oder liegt man, so hat man im Herzen Freude. Hierhin kommt Ch'i und seine Essenz sammelt sich. Licht strahlt in der Mitte, und Zauber geht hinaus in alle Richtungen.[9]

[1] Han-Shan, *Cold Mountain: 100 Poems by Han-Shan,* Übers. Burton Watson (New York: Grove Press, 1962), S. 58, 79.

[2] Paul Sun, Übers., »Feng Shui: An Ancient Theory of Village Siting«, in *The Village as Solar Ecology* (East Falmouth, Mass.: The New Alchemy Institute, 1980), S. 22.

[3] Maggie Keswick, *The Chinese Garden* (New York: Rizzoli, 1978), S. 29.

[4] Michael Sullivan, *The Arts of China,* überarb. Ausg. (Berkeley, Los Angeles und London: University of California Press, 1979), S. 96.

[5] Arthur Waley, *Translations from the Chinese* (New York: Alfred A. Knopf, 1941), S. 79

[6] Feng Yu-lan, *A Short History of Chinese Philosophy* (New York und London: The Macmillan Company, 1948), S. 235.

[7] Arthur Waley, *The Way and Its Power* (New York: The Macmillan Company, 1958), S. 141.

[8] Wm. Theodore De Bary, Hrsg., *Sources of Chinese Tradition* (New York und London: Columbia University Press, 1970), Bd. 1, S. 468.

[9] Andrew March, »The Winds, the Waters and the Living Qi«, *Parabola Magazine* 3, Nr. 1 (1978), S. 32–33.

3

Ländliches Feng-Shui

Die Erde

Für die Chinesen stellen Erde und Kosmos einen
»lebenden Organismus« dar.[1] Feng-Shui-Fachleute
schreiben der Natur nicht nur kosmischen Atem zu –
Ch'i –, sondern auch menschliche und tierische Cha-
rakteristiken. Ein Berg kann ein ehrfurchterregen-
der, aber dennoch gutmütiger Drache sein. Eine
überhängende Klippe kann das Maul eines Tigers
sein. Ein wie eine Sanduhr geformter Felsen kann
eine *Amah* (Amme) oder ein Mädchen sein. Tatsächlich interpretiert eine gesamte Schule des Feng-
Shui, die sogenannte Schule der Formen, die Landschaft durch das Aufspüren von angedeuteten Tieren oder Gegenständen.

Feng-Shui ist eine Sprache der Symbole, und in seiner Sprache ist die Natur ein riesiges Gleichnis, ein
Tierpark mit vielen Einwohnern. Die Umwelt nimmt
also eine metaphorische Qualität an: Berge können
zu Wachhunden, Tigern oder Drachen werden,
Flüsse können Drachen oder Riesenschlangen sein.
Doch die Metapher zieht sich weiter und unterstreicht die Verbindung zwischen Mensch und Natur. Der Mensch wird von diesen tierartigen Land-

massen beeinflußt, welche die Kräfte und Eigenschaften der Wesen besitzen, denen sie ähneln. Die
Natur imitiert das Leben: Ein Hundeberg kann be-
wachen, ein Tigerhügel kann bedrohen. In der Nähe
einer Grabstätte in Hongkong entdeckte ein Geomant Berge in Form des Elefanten, der Schlange,
des Tigers, des Phönix und des Drachen. Die Chinesen nehmen das überaus ernst.

Allein die Formgebung eines nahegelegenen Berges
kann eine Auswirkung auf das Leben des Menschen
haben. Im Feng-Shui bringt Gleiches oft Gleiches
hervor, und das Leben kann die Natur imitieren. Ein
Berg, der die Form der Ablage eines Kalligraphie-
Pinsels hat, könnte akademische Erfolge begünstigen. Eine Klippe auf der Insel Lan Tao vor Hongkong erinnert an einen nackten Mann mit einer
Erektion und soll bei den Mädchen eines nahegelegenen Dorfes außergewöhnliche Koketterie auslösen.

Formen beeinflussen nicht nur den Charakter des
Menschen, sondern können auch das Wohlergehen
einer Gegend bedrohen. Im 19. Jahrhundert gab es
einige Jahre lang schlechte Ernten in der chinesischen Provinz Kwangtung. Geomanten stellten als
Ursache dafür fest, daß einige Hügel der Gegend
einer Ratte ähnelten, die ihrer Meinung nach die
Erträge auffraß. Es wurde empfohlen, ein großes Tor
in Form einer Rattenfalle zu errichten, und sobald
die erbaut war, gab es wieder Getreideernten in
Fülle.[2]

Drachen, die häufigsten Bergsymbole, schützen
viele chinesische Dörfer. Die verschiedenen Teile
der Bergmasse enthalten diverse Aspekte des Dra-

chen. Eine Kette von Höhen, die zur Spitze führt, stellt die Rückenwirbel dar. Bergketten, die seitlich herabziehen, werden zu Vorder- und Hinterbeinen. Gebirgsbäche und unterirdische Quellen sind die Adern und Arterien, die das Erd-Ch'i pumpen, den »Atem« oder »Dunst« des Drachen. Und um das Ch'i zu finden, muß man lediglich die Linien des grünen Bewuchses nachverfolgen.

Ein chinesischer Kommentator bemerkte dazu:

> Der Zauberdrache windet und verändert sich... und die Gebirgsgrate, die den Lebensatem enthalten, werden nach Osten verlaufen und sich plötzlich nach Westen wenden, oder nach Süden hin verlaufen und sich plötzlich nach Norden kehren... Sie verbreiten sich in alle Richtungen... Es heißt, wenn (ein Höhenzug) Veränderungen aufweist, nenne ihn einen Drachen, wenn er keine hat, bezeichne ihn als leblosen Berg.[3]

Es ist daher kein Zufall, daß Drachen in chinesischer Überlieferung, Kunst und Symbolik eine bedeutende Rolle spielen. Während der Ch'in-Dynastie wurden sie zu offiziellen kaiserlichen Emblemen, die in den Thron geschnitzt und auf seidene Gewänder gestickt wurden. Der Kaiser, selbst halbgöttlich, wurde immer ein Drache genannt; viele legendäre Kaiser wurden angeblich von Drachen gezeugt. Und mit ähnlichen Kräften ausgestattet, regieren die Berg- und Wasserdrachen ihre Gebiete, wehren Seuchen, Hungersnot und Unheil ab und dienen als Schöpfer und Zerstörer.

Die Einwohner von Hongkong führen den Namen

Drachenberg

ihrer Halbinsel *Kowloon*, »Neun Drachen«, auf die unbeabsichtigte Selbstopferung des letzten Kaisers der Sung-Dynastie zurück. Als die Mongolen-Horden China überfielen, besagt die Legende, empfahl ein Seher dem Kaiser, im Süden nach neun Drachen zu suchen und dort sein Reich neu aufzubauen. Als er die designierte Stelle erreichte, konnte der Kaiser nur acht Drachen zählen. Aus Verzweiflung stürzte sich der kaiserliche Drache ins Meer – er hatte es versäumt, sich selbst mitzuzählen.

Obwohl sich die Beschreibungen voneinander unterscheiden, ist der chinesische Drache eine fremdartige Mischung aus mehreren Tieren. Ein historischer Schreiber sagt, er hätte »den Kopf eines Kamels, das Geweih des Hirsches, die Augen eines Dämons, die Ohren einer Kuh, den Hals einer Schlange, den Bauch des Karpfens, die Klauen des Adlers und die Prankensohlen des Tigers«.[4] Er ist eine wandelbare Kreatur, die eine Länge von Meilen erreichen kann, aber auch die winzigen Ausmaße eines Bücherwurms.

Doch Metaphern sind mehr als nur Redewendungen. In der Mythologie verkörperte der Drache die furchterregenden Kräfte der Landschaft, am typischsten die von Bergen, Wasser und Wind. Sie entschlüpften Edelsteinen, die Dracheneier genannt wurden, und wirken als Behüter sowie als Zerstörer. Sie stellen den frühen Versuch dar, nicht nur in der Natur vorkommende Formen zu erklären, sondern auch die Naturkräfte, die für die Chinesen lebenswichtig waren. Ein Wasserdrache beispielsweise, den man beherrschte, ermöglichte ertragreichen Akkerbau. Unkontrolliert war er der Auslöser von Tod und Verwüstung. Wasserdrachen beherrschten das Wetter, die Gezeiten und Wasserspiegel. Um nährenden Regen herbeizubringen, flogen sie einfach zu den Wolken hin. Die Chinesen schrieben ihnen Naturphänomene sowie -katastrophen zu. Eine Sonnen- oder Mondfinsternis entstand dadurch, daß ein Drache die Sonne oder den Mond auffraß; ein Sturm war ein Drachenkampf; eine Dürre war der Schlaf des Drachen; eine Überschwemmung seine Wut. Um die Drachen wohlgeneigt zu stimmen, ihre Unterstützung zu erlangen und so die Natur zu kontrollieren, vollbrachten die Chinesen traditionell Opfer an die Flüsse. Bis zur Han-Dynastie wurden den Flußdrachen jährlich junge Mädchen als Bräute in die Flüsse geworfen. Die Vorstellung des Drachen war im chinesischen Denken derart gegenwärtig, daß sogar noch im 16. Jahrhundert einer gesichtet wurde. Während einer katastrophalen Überschwemmung drang ein Drache angeblich in ein Haus im nordöstlichen China ein und entkam, indem er eine Hauswand durchbrach, wobei er einen vernichtenden Hagelsturm hinterließ. Der Grad der Drachenverehrung steigerte sich bis in verschwenderische und absurde Extreme: Po Chu-yi, ein Poet der T'ang-Dynastie des 9. Jahrhunderts und ein Gouverneur, der für seine Wasserwirtschaftsprojekte bekannt war, verhöhnte die Drachenverehrung dermaßen, daß er das Spottgedicht »Der Drache des Schwarzen Beckens« verfaßte.

Berge und Wasser sind ewig im chinesischen Denken. Als Landschaftsformen höchster Schönheit waren sie der Himmel jenseits einer wankelmütigen politischen Welt. Dichter, Maler und Gelehrte zogen sich in die Berge und an die Wasser zurück. In der Abwendung von Umwälzung und höfischer Intrigen wendeten sie sich der Landschaft zu – deren Bezeichnung »Berg-Wasser« bedeutet –, um Trost im Tao und Zufriedenheit in der Schönheit der Natur zu finden. In städtischen Gärten zogen sie sich von der Außenwelt in die Ruhe der Miniaturlandschaften aus Menschenhand zurück: Wasserbecken waren Seen und Steine waren Hügel, kompakte Formen der mächtigen Berge. Wie Tu Fu, ein Dichter des 8. Jahrhunderts, es ausdrückte: »Der Staat mag stürzen, doch Hügel und Ströme bleiben.«[5]

Das Feng-Shui eines Landes ist von Bergen und Flüssen abhängig. Lin Yun unterteilt die Erde in Ebenen und Hügel, Flüsse und Seen: »Im Studieren dieser Vorkommnisse können wir die Vorsehung einer Nation verstehen«, wofür die Bezeichnung »Berg-Fluß« verwendet wird.

Feng-Shui-Experten betrachten Berge und Flüsse als voneinander abhängig, als Schlüssel zur taoartigen Harmonie innerhalb der Erde, welche vollkommene Medien schafft, um heilbringendes Ch'i durch die Erdadern zu pumpen. Berge (Yin, passiv) werden durch Wasser (Yang, aktiv) ausgewogen. Die Erde braucht Wasser, um die Pflanzen zu nähren; Flüsse brauchen Hügel, um Überschwemmungen zu vermeiden.

Berge und Wasser sind somit zwei essentielle Bestandteile von Feng-Shui, und die Erde bietet Feng-Shui-Fachleuten natürlich ein endlos variiertes Feld. Bei der Bestimmung jedes Standortes, sei es für ein Haus, ein Dorf oder eine Grabstätte, wird die umliegende Landschaft untersucht. Sie studieren die Formen der Berge und die Verläufe der Flüsse. Sie suchen genau nach vorteilhaften Elementen wie Orientierung, Bäume und Felsen. Sie folgen gewissen Grundsatzregeln und einigen klassisch heilbringenden Anordnungen.

Bergspitzen sind die Punkte, wo Erde und Himmel sich treffen und von denen aus sich alle Richtungen erstrecken. Tempel und Schreine sind in den Bergen Chinas verstreut wie Telegrafenämter für die Götter. Seit dem Beginn des chinesischen Reiches erbrachten die Herrscher dynastische Opfer auf dem Berge Tai, dem höchsten Gipfel östlich von Sian. Somit ergriffen sie symbolisch Besitz von allen Quadranten des Reiches. Eine Geschichtsschreibung der Han-Dynastie, in typischer Weise besorgt, das Recht der Han auf die Macht zu belegen, schildert die gescheiterten Bemühungen des Ch'in Shih Huang Ti, den Tai zu besteigen. Es wird festgehalten, daß die Unwürdigkeit des Kaiser Ch'in zur Herrschaft dadurch erwiesen war, daß Stürme ihn von dem Gipfel trieben. Dem Han-Kaiser Wu dagegen gelangen mehrere erfolgreiche Besteigungen.

Berge dienten als Achsen bei der Ausrichtung von Häusern und Gräbern. Das hatte seinen praktischen Aspekt. Die Nordseite eines Berges ist windig und schattig; der Süden ruhig und sonnig; der Osten hat die Morgensonne, und dem Westen begegnet die grelle Sonne des späten Tages.

Hügel haben überall auf der Welt eine wichtige Rolle gespielt. Die Chinesen sagen, daß ein Haus am besten an der südlichen oder östlichen Seite eines Berges steht. Das Haus und seine Anpflanzungen werden im warmen Licht der Sonne gedeihen.

Heilvolle Standorte befinden sich auch in der Nähe von unterirdischem Ch'i, das von Punkten – Drachenporen – üppiger Vegetation mit saftig grünem Laub gekennzeichnet ist. Solche Drachenadern ziehen sich meist die Bergketten und -kuppen hinab und folgen dem Netz der Nerven.

Gewisse topographische Formen kennzeichnen schlechtes Feng-Shui. Eine flache, flußlose Ebene enthält kein Ch'i. Die Chinesen warnen davor, ein Haus auf dem Schwanz eines Drachen zu errichten, da der Drache ihn regelmäßig bewegt – eine instabile Lage. Ein Haus auf einem Drachenkopf kann riskant sein. Auf seinem Hirn zu wohnen ist gut, doch schon eine kleine Verrechnung könnte die Einwohner gefährlich nahe an das Maul heranbringen, einem Ort von starkem Ch'i und einem riesigen Appetit. Die Bewohner eines Hauses auf einer überhängenden Klippe, einem Tigermaul, werden immer befürchten müssen, daß sie verschlungen werden und verschwinden, wenn sich das Maul schließt.

Ein Hügel in Gestalt einer breiten Couch wird den männlichen Nachkommen den gewaltsamen Tod bescheren. Ein Berg, der wie ein umgekipptes Boot aussieht, wird die Töchter krank werden lassen und die Söhne ins Gefängnis bringen. Die unheilvollsten Bergformen reichen von Schildkröten zu Körben, vom »Auge des Pferdes« bis hin zur Pflugschar.

Wo natürliche Konturen fehlen, wird zur bedachten Veränderung der Landschaft geraten. Gerade verlaufende Flüsse, die Leben, Geld und Gelingen bedrohen, können einen heilvolleren Verlauf bekommen.

Ein schützender Drachenberg benötigt selbstver-

ständlich viel klares Trinkwasser. Lao-tse schrieb:
»Die höchste Güte ist wie die des Wassers. Die Güte
des Wassers ist die, daß es seinen 10 000 Kreaturen
zum Wohle verhilft.« (Traditionelle chinesische
Feng-Shui-Bücher sagen: »Wind verstreut Ch'i, Wasser hält es zusammen.«) Solcher Rat ermutigte die
Menschen, die klaren, reinen Qualitäten des Wassers
nachzuahmen. Ein großer Fluß oder ein Strom, der
entlang den Konturen der Erde verläuft, ist ein integraler, wünschenswerter Teil der Feng-Shui-Landschaft, der fließendes, vorteilhaftes Ch'i verbreitet.
Wasser, das oft gleichbedeutend mit Geld ist, stellt
die Quelle des Lebens nicht nur von Drachen dar,
sondern auch von Tiger-, Phönix- und Schildkröten-
Bergen. Wasser, das Yang-Element einer Landschaft, wird laut Lin Yun von Ch'i bewegt.[6] Ch'i löst
die Wellen des Flusses aus, bestimmt seinen Verlauf
und seine Strömung, wie auch seine Klarheit und
Tiefe.
Allein durch das Betrachten des fließenden Wassers
können Feng-Shui-Experten wie Lin Yun die Natur
und Kraft des Ch'i feststellen. Die Form eines Sees,
die Windungen und Schlingen eines Flußverlaufs
und die Geschwindigkeit seiner Strömung sind
wichtige Anzeichen für das Feststellen der Eigenschaften des Ch'i.
Die Chinesen haben zahllose Regeln über die Formen und Verläufe von Gewässern. So wird zum Beispiel ein Haus gedeihen, das am Zusammenfluß von
zwei Strömen steht. Gewässer sollten sich ausgewogen bewegen und nicht zu rasch, aber auch nicht zu
langsam fließen.
Doch das lebenspendende Wasser kann für Feng-

Shui auch destruktiv sein. Laut dem uralten *Wasser-drachen-Klassiker*: »Wasser darf nicht schnell oder gerade verlaufen... Wenn Wasser (von einem Stück Land) abfließt, ist es übereilt. Wie kann es dann reichlich vorhanden sein und Reichtum sich ansammeln? Wenn es gerade eintritt und gerade wieder fortzieht, schadet es dem Menschen.« Wenn sich Wasser schnell und gerade fortbewegt, wird die Gegend nicht nur von pfeilartigem, sogenanntem »tötenden« Ch'i heimgesucht, sondern auch das Land, das nicht von dem Ch'i des Flusses heimgesucht wird, bekommt wenig Ch'i, weil dieses so rasch vorbeizieht. Die Wirkung des Ch'i ist in einem solchen Fall auf die Richtung der Strömung beschränkt. Scharfe Flußbiegungen projizieren auch pfeilartiges Ch'i.

Bäume stellen eine weitere Verbesserung der Feng-Shui-Landschaft dar, schützen vor unheilvollen Winden (oder tötendem Ch'i) und begünstigen das Ch'i des guten Wachstums. Feng-Shui-Bäume, die speziell zu diesem Anlaß gepflanzt wurden, neigen dazu, groß und alt zu sein. In der chinesischen Dichtung symbolisieren immergrüne Gehölze Langlebigkeit. Je grüner der Baum, um so stärker das Ch'i der Gegend, sagt Lin Yun. In ländlichen Gegenden bedeutet reichliches Laub Wohlstand und zeigt den Bauern an, daß der Boden fruchtbar ist. Auch Felsen können wichtig sein. Die Chinesen glauben manchmal, daß die Vorsehungen gewisser Menschen mit besonderen Felsen verbunden sind. Solche Steine sind groß und von eigenartiger Formgebung und oftmals mit Bitten an die Götter geschmückt.

Was sind also die Eigenschaften eines klassischen

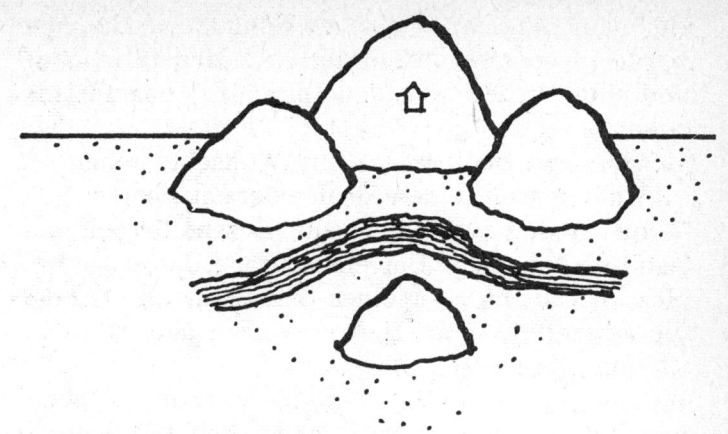

Klassische Hügel-Formation

Feng-Shui-Standortes? Die meisten Experten sind sich einig, daß die schützende »Lehnstuhl«-Hügelform, auch »Drache, der die Perle schützt« oder »Kind umarmende Mutter« genannt, ideal ist.

Der »Lehnstuhl« kann aus einer Gruppe kraftvoller irdischer Tiere bestehen: dem grünen Drachen, dem weißen Tiger, der schwarzen Schildkröte und dem scharlachroten Phönix. Der beste Standort hat einen massiven Schildkröten-Berg als stützenden Rücken und ist rechts von einem grimmigen weißen Tiger und links von einem etwas höheren grünen Drachen flankiert, der den Standort vor dem Appetit des Tigers schützt. Davor bildet der scharlachrote Phönix den Hocker. Nicht nur bringen die Schildkröte, der Tiger und der Drache ihr eigenes Ch'i ein, sondern sie fangen auch das gute Ch'i, welches über den Phönix fließt. Im Idealfall sollte das Haus auf halber

Höhe am Berg der schwarzen Schildkröte errichtet werden, weder zu hoch (Yang) noch zu niedrig (Yin), und einen beherrschenden Blick über den Phönix haben.

Menschliche Bedürfnisse und Wünsche stehen oft im Widerspruch zu den Idealen der natürlichen Harmonie. Jeder Eingriff in die Beschaffenheit der Landschaft – ob der Bau einer Straße, das Ausheben eines Brunnens oder eines Schwimmbassins oder die Errichtung eines Hauses – kann den Fluß des Ch'i unterbrechen.

Im alten China mußten Feng-Shui-Fachleute bei jeder Veränderung der natürlichen Umgebung hinzugezogen werden. Nach Art von Ärzten stellten sie fest, wo ein Einschnitt geschehen sollte und was getan werden mußte, um die Ausgewogenheit der irdischen Elemente und Yin-Yang wiederherzustellen. Das Ziel war immer, die Erde und neue Bauten in Harmonie mit den Rhythmen des Universums zu bringen.

In gewisser Weise waren die Chinesen also frühe Umweltschützer. Der Erde etwas anzutun galt als Ketzerei. Sie hätten es vermieden, eine Schnellstraße gerade durch Hügel hindurch zu bauen. Nicht nur würde diese das Fleisch der Erde durchstechen, sondern gerade Wege leiten Ch'i zu schnell davon, als daß es jemandem nützen könnte. Die Straßen des traditionellen Chinas fügen sich daher gemächlich den Formen der Landschaft an und vermeiden es, die Ruhe und Ausgewogenheit der Natur in irgendeiner Weise zu stören.

Die »Ausgewogenheit« des einen kann jedoch leicht zur »Blasphemie« des anderen werden. In der Weise,

wie sie sich den gegebenen Landschaftsformen an-
paßt, um die Erde nicht zu verletzen, scheint die
Große Mauer klassisches Feng-Shui zu verkörpern.
Dennoch verstößt diese 2500 Kilometer lange stei-
nerne Grenzbefestigung, die sich quer durch China
bis hin zu den Ausläufern des Himalaya zieht, nach
Meinung einiger gegen die Prinzipien von Feng-
Shui.

Als in den letzten Tagen der Ch'in-Dynastie (221–207
v. Chr.) der Kaiser starb und die Erbfolge in Frage
gestellt war, waren der ehrenwerte General Meng
T'ien und der eigentliche Thronfolger weit entfernt
an der westlichen Ausdehnung der Mauer statio-
niert, die erst kürzlich fertiggestellt worden war.
Vom Tode des Regenten noch nicht unterrichtet,
erhielten sie einen gefälschten Brief, der angeblich
vom Kaiser stammte. Es war eine List des Eunuchen
und Beraters des verstorbenen Herrschers, Chao
Kao, der einen eigenen Strohmann auf den Thron
bringen wollte und nun Meng T'ien und den Thronfolger des Verrats beschuldigte und ihren Tod verlangte. Die kaiserlichen Akten geben ein Abschieds-
gedicht wieder, in dem Meng T'ien die ungerechtfer-
tigte Beschuldigung beklagt, um dann zu erkennen,
daß er sein Land tatsächlich dadurch betrogen hatte,
daß er den Mauerbau leitete. Durch das Trennen der
Erdadern hatte er sein Land politisch und landwirt-
schaftlich in Gefahr versetzt. Tatsächlich stürzte die
Dynastie wenige Jahre später.

Doch wenn Straßen oder andere Baumaßnahmen
das Gleichgewicht von Yin-Yang, den Ch'i-Fluß und
das Dahinziehen von Wind und Wasser beeinträchtigen, kann Feng-Shui das größtenteils wieder beheben.

Die Chinesen schützen ihre Landschaften mit Ent-
schlossenheit, was westlichen Kolonialherren oft
Probleme bescherte. Man betrachte das Schicksal
des armen Senor Amaral, im 19. Jahrhundert ein
Gouverneur von Macao, der vierzig Meilen westlich
von Hongkong gelegenen portugiesischen Kolonie.
Es heißt, daß Senor Amaral leidenschaftlich gerne
Straßen bauen ließ und chinesischen Aberglauben,
besonders Feng-Shui, ebenso leidenschaftlich ver-
achtete. Zweifellos störte er die Ruhe vieler chinesischer Grabstätten, doch als er eines Tages eine Dra-
chenpranke zuviel abtrennte, wurde sein eigener
Kopf von einem Attentäter abgetrennt. (Die Chinesen behaupteten, der Mord sei die Rache von Feng-
Shui gewesen.)[7]

Das Feng-Shui, welches jahrhundertelang von der
Landbevölkerung Chinas praktiziert wurde, ist in
den New Territories von Hongkong immer noch
sehr lebendig. Heute scheint sich die Regierung von
Hongkong Feng-Shui überaus bewußt zu sein und
das besonders in ländlichen Gegenden. Bevor
Wohnkomplexe, Fabriken und öffentliche Anlagen
gebaut werden oder Dörfer und Friedhöfe umgesiedelt werden, beraten die zuständigen Funktionäre
und Manager mit den Dorfobersten. Dies stammt
hauptsächlich aus der Natur der New Territories her.
Das 1898 für 99 Jahre an England abgetretene Gebiet
von 400 Quadratmeilen ist wahrscheinlich der ein-
zige größere Teil des chinesischen Festlandes, in
dem offen an dem traditionellen ländlichen Lebens-
stil Chinas festgehalten wird. Eingebettet zwischen
dem durch und durch kapitalistischen Kowloon und
der kommunistischen Volksrepublik, sind die New

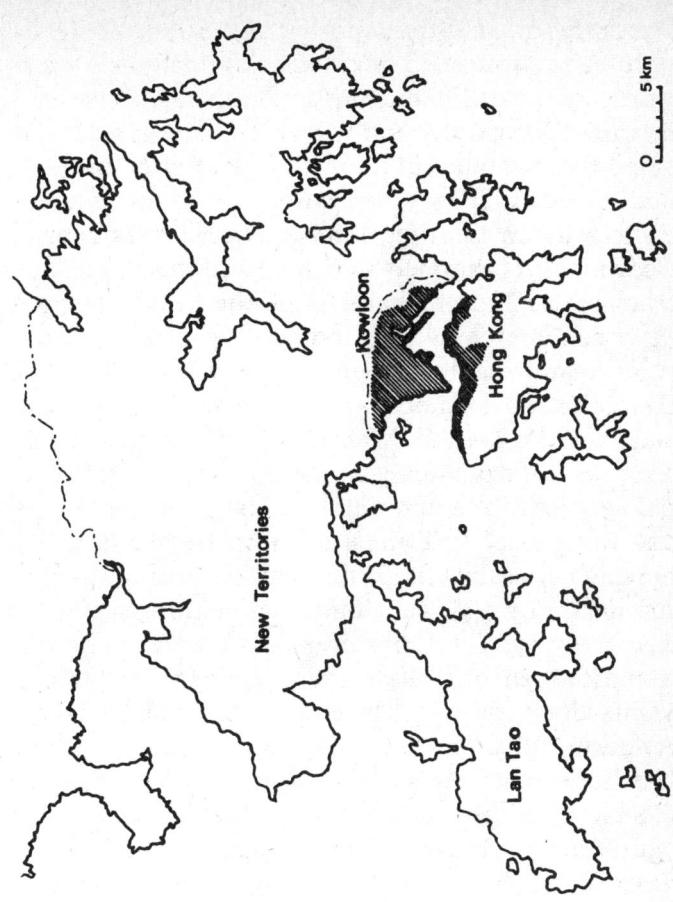

Karte von Hong-kong und den New Territories

Territories irgendwie den vier bisherigen Modernisierungsprogrammen des Neuen Chinas sowie – bislang – dem westlichen Einfluß entgangen.

Obwohl Hongkong und Kowloon, die gemeinsam einen der letzten Außenposten des *British Empire* bilden, rechtlich gesehen so englisch sind wie der Hyde Park in London, blieben die New Territories traditionell chinesisch und im Kern autonom. Seit mehr als 80 Jahren praktizieren die Engländer dort gewissenhaft eine »Hände-weg-Politik«. Regierungsbeamte geben den Dorfältesten nach, den Klanführern, die noch immer die wichtigsten Entscheidungen treffen. Während die Rote Garde jenseits der Grenze taoistische und buddhistische Tempel zerstörte, pflegten Familien der New Territories, wie die ehrbaren T'angs, die ihre Herkunft bis zu einer Prinzessin der Sung-Dynastie zurückführen, die dorthin im 11. Jahrhundert flüchtete, weiterhin den Hauptteil ihrer Architektur, ihrer Bräuche und den Glauben des alten, ländlichen Chinas. (Angesichts der jüngsten Verhandlungen zwischen Engländern und Chinesen über die Rückgabe der New Territories nach Ablauf des Pachtvertrages im Jahre 1998 könnte das ländliche Feng-Shui durchaus bald nur noch von historischem Interesse sein.)

Die alltäglichen Probleme in den New Territories sind denen des Generals Meng T'ien nicht unähnlich, wenn auch auf geringerer Ebene. Sie reichen von der Beeinträchtigung der Landschaft über das Durchtrennen von Feng-Shui-Standortlinien bis hin zum Stören von Gräbern und ihren Geistern.

Der Straßenbau stellt ein besonderes Problem dar. Die Regierung oder der Bauunternehmer kann nicht einfach Land planieren und mit Schotter und Asphalt überziehen lassen, weil dadurch ein Teil eines Drachenberges abgetrennt werden könnte.

1963 löste an der Plover Cove von Taipo, wo die Engländer 1898 erstmals den *Union Jack* über den New Territories gehißt hatten, ein Bauvorhaben an einem Berghang enorme Komplikationen aus. Die Aushebungen brachten rote Erde zutage, für die Einwohner das rohe Fleisch eines verletzten Drachen. »Wenn es regnete«, erinnert sich John Warden vom Home Office of the New Territories, »war es besonders entnervend, den blutartigen Schlamm aus der Wunde am Hang herausquellen zu sehen.« In ähnlichen Fällen hatten die Anwohner Zweige und Laub geschnitten, um die Erdwunde zu versorgen. Um sie diesmal zu beruhigen, wurde ein 30 × 60 Meter großes Areal eingezäunt, ein Pflaster, um ihnen den grausigen Anblick zu ersparen. Klingt das merkwürdig? Nun, vielleicht, aber bei uns im Westen bilden sich auch Bürgerinitiativen, um ihre Umwelt zu schützen. Sie gehen auf die Barrikaden wegen Bauvorhaben, die dem örtlichen Waldbestand und dem Landschaftsbild schaden würden. Statt von Feng-Shui spricht man bei uns von »Nutzungsplänen«.

Feng-Shui leuchtet den Bürokraten von Hongkong oft ein. Robert Upton, Stellvertretender Regionaler Direktor der New Territories, sagt dazu: »Aus unserer Sicht erscheint es äußerst sinnvoll, Parkgelände in Form eines bewaldeten Hügels in der Ortsmitte zu erhalten. Das Bestehen darauf seitens der Dorfbewohner findet unsere Übereinstimmung. Was sie sagen, ist sinnvoll, nur gehen sie eben etwas anders an die Sache heran.«

Manchmal werden sogar die Baumaßnahmen verändert, um Konflikte mit Feng-Shui zu vermeiden. In dem Gebiet der New Territories verwendete ein Bauunternehmer Betonblocks bei den Fundamentarbeiten für ein Haus, statt dolchartige Schienen in den Boden rammen zu lassen.

Das Wunder daran ist, daß überhaupt etwas je fertig wird. Den meisten Projekten in den New Territories geht eine komplizierte Tun-Fu-Zeremonie voraus, ein Allzweckritual zur Besänftigung eines Drachen oder Schutzgeistes der Gegend. Die Einwohner meinen, daß ohne diese Maßnahme etwas Schlimmes geschehen könnte.

Als beispielsweise 1972 die Regierung eine Straße über den örtlichen Schutzberg plante, drohten die Einwohner damit, die Gegend, seit zehn Generationen Heimat ihrer Ahnen, zu verlassen. Sie erklärten: »Wenn der Drachenhals unseres Feng-Shui durchtrennt wird, verschwindet unser Glück, und Unheil überkommt uns.« Sie merkten an, daß 45 Jahre zuvor alle Menschen des Dorfes Ting Kau umgekommen waren, weil die Drachenluft dort zerstört worden war.

Also zahlt die Kolonialverwaltung jedes Jahr Zehntausende von Dollar, um nicht nur die örtlichen Geister, sondern auch Dorfbewohner ruhigzustellen, wenn es um Bauvorhaben, Schwimmbecken, Straßen oder Abwasseranlagen geht, um nur einige Beispiele zu nennen. Das meiste Geld kommt der Tun-Fu-Zeremonie zu. Robert Upton sagt dazu mit Bestimmtheit: »Wir zahlen ihnen einen Standardbetrag von ungefähr 1500 US-Dollar und sagen ihnen, daß sie sich den Feng-Shui-*Lo* (Kantonesisch für Priester) ihrer Wahl anheuern sollen und daß wir nächste Woche mit den Baggern da sind.« Oftmals überprüft die Regierung, ob der Feng-Shui-Betrag zweckentsprechend ausgegeben wird. Ein dafür typischer Fall wurde von einem Mr. Grout geschildert (siehe Anhang 1).

Manchmal genügt Tun-Fu jedoch nicht. Nachdem ein verschlungener Pfad an einem Berghang im Saikung-Park angelegt wurde, starben mehrere Anwohner. Die in Panik geratenen Leute riefen die Regierung in Hongkong an und beschwerten sich, der Pfad hätte in einen Drachen geschnitten. Die Behörden ließen den Pfad mit Erde abdecken, und alles war wieder in Ordnung.

Behauptungen von Drachenstörungen sind manchmal auch reine Feng-Shui-Erpressung. Regierungsfunktionäre meinen, daß der Standardbetrag für die Tun-Fu-Zeremonie die Dorfbewohner manchmal zu Feng-Shui-Hypochondern werden läßt. Mr. Warden sagt dazu: »Ein großer Teil des Tun-Fu-Geldes wandert in die Taschen der Dorfältesten. Einige von ihnen haben aus wirklicher Angst heraus Feng-Shui-Bedenken. Dennoch ist Feng-Shui etwas Undefinierbares, das die Leute ansetzen, um der Regierung Geld abzuknüpfen.«

Im Laufe der Zeit sind die Regierungsbeamten im Aufdecken erpresserischer Vorhaben erfahren geworden. Mr. Upton erläutert diesen Vorgang: »Sie stoßen auf einen Dorfbewohner, der Ihnen sagt: ›Hören Sie, ich will von Geld nichts wissen. Das Grab meines Ahnen liegt dort, und dort bleibt es auch.‹ Am anderen Ende der Skala heißt es: ›Es kann nicht gerückt werden‹, also sagt man ›1200 US-Dollar‹.

›Kann nicht gerückt werden‹, also 1400. ›Kann nicht gerückt werden‹, 1600. Pause, 1700? ›Abgemacht!‹«
Mr. Upton erzählt, daß er und seine Kollegen nach einer Weile einige grundsätzliche Regeln von Feng-Shui begriffen hatten. Natürliche Formen zu analysieren ist zum Beispiel nicht schwierig. Mit einem etwas geschulten Auge und einer regen Phantasie kann auch der nicht in die Kunst des Feng-Shui eingeführte Abendländler Drachen in der Landschaft erkennen. Tatsächlich sind viele chinesische und britische Regierungsbeamte in Hongkong zu Amateur-Priestern des Feng-Shui geworden.

Als die Regierung 1977 einem Dorf der New Territories einen Straßenbauplan unterbreitete, stellten sich die Dorfbewohner dagegen. Die Straße, meinten sie, würde ihrem Drachen die Zehen abhacken, was ihn ungemütlich, irritiert und sogar rachelüstig werden lassen könnte. Ein Beamter, der sich in den Feinheiten von Feng-Shui gut auskannte, meinte, bei genauem Studium der Karte würden die Dorfbewohner feststellen können, daß die geplante Straße nicht die Zehen des Drachen abschneide, sondern lediglich die Zehnägel kürze und somit dem Drachen sowie dem Dorf einen großen Dienst erweise. Die Straße, meinte er, wäre letztendlich eine Verbesserung ihres Feng-Shui.

Als Kompromiß erklärte sich die Regierung bereit, einen Altar auf einem Hügel errichten zu lassen, der das Dorf sowie die Straße überblickte. Solche Schreine verbessern das Feng-Shui im allgemeinen, weil sie nicht nur die Geister besänftigen, sondern weil ihre Formen zur Landschaft passen. Von Pagoden heißt es, sie seien eigentlich als Blitzableiter für kosmisches Ch'i gedacht.

Ein Architekt der Regierung gilt als eine Art Feng-Shui-Zauberer. Für einen Park auf der Insel Hongkong entwarf er die auf einer Hügelkuppe stehende achteckige Pagode, die nicht nur die Kraft der acht Trigramme des *I Ging* beschwört, sondern von der es auch heißt, daß sie das außerordentlich starke, unheilvolle Ch'i zerstreut, das vom Norden hereinbläst. Seiner Pagode schreibt man einen wirtschaftlichen Aufschwung zu, der kurz danach einsetzte.

Die Chinesen betrachten Häuser als wichtige Ergänzungen der Landschaft. Pagoden, die Darstellungen eines ausgewogenen Universums, schmücken in diversen Maßstäben die Gärten. Landschaftsgemälde enthalten meistens ein Bergrefugium – manchmal große Tempelkomplexe –, das zwischen Berghöhen und Wasserfällen eingenistet ist. Tatsächlich teilte Feng-Shui diese Tradition, solange die Bauten nicht nur in die Umgegend paßten, sondern die natürlichen Formen auch ergänzten.

Ironischerweise kann schützendes Feng-Shui auch Tod und Zerstörung herbeiführen. Ein Feng-Shui-Felsen in einem chinesischen Fluß vernichtete jährlich zahllose Boote. Die Einwohner wollten ihn weder entfernen noch verkleinern, da sie nachfolgend noch schlimmere Kalamitäten fürchteten.

Feng-Shui-Felsen stehen Fortschritt und wirtschaftlichen Interessen oft im Wege. George Stevenson, Anwalt in Hongkong, schildert:

In Saikung, New Territories, befand sich ein Felsen auf dem Land eines Dorfältesten, und jemand versuchte, ihn zu entfernen. Kurz darauf ertrank der älteste Sohn des Mannes im Meer. Also stand der Stein im Ruf, böse Einflüsse auszuüben. Als wir dann auftauchten, um das Land zu kaufen und anboten, den Stein an einen anderen Ort zu versetzen – wir wollten ein mehrstöckiges Parkhaus errichten –, blieb der Mann stur. Er sagte, daß, wenn wir den Stein rückten, sein nächster Sohn sterben würde, also mußten wir um ihn herum bauen.

Manchmal sind sogar Häuser weniger wichtig als das Erhalten des Feng-Shui. Probleme entstanden, als die Verwaltung der New Territories eine schmale Straße auf zwei Fahrbahnen verbreitern wollte. »Viele alte Häuser liegen da aber eng an der Straße«, sagt Mr. Upton.

In einer Planungsphase wollten wir eine Fahrbahn so gen Süden leiten, daß sie im Halbkreis um einen Teil des Dorfes führte, was uns das Abreißen von Häusern erspart hätte. Ein sauberer Plan. Aber zu unserem Unglück entdeckten wir, daß wir damit genau in der Mitte eines Feng-Shui-Gebiets lagen, eine kleine bewaldete Anhöhe, ein Bach, ein kleiner Schrein und sogar ein Feng-Shui-Stein. Das gesamte Programm. Es gab keinen Weg daran vorbei. Also mußten wir zum ursprünglichen Plan zurückkehren und Wohnhäuser abreißen. Wir haben dadurch mindestens sechs Monate und mehrere hunderttausend Hongkong-Dollar verloren, und wenn wir mehr als nur ein paar Häuser rücken müssen, kann es in die Millionen gehen. Es versteht sich von selbst, daß wir das in England anders gehandhabt hätten.

Die Standortbestimmung ist allgemein sehr wichtig. Am falschen Platz zu leben kann eine Katastrophe heraufbeschwören. Anfang dieses Jahrhunderts suchte sich ein gesamtes Dorf einen neuen Standort, weil kein Mann dort je 45 Jahre alt wurde und kein Huhn sich dort aufhalten wollte. Offensichtlich war das Feng-Shui unheilvoll. Obwohl die Dorfbewohner äußerst arm waren, opferten sie hierfür viel Geld, Zeit und Arbeit. Durch Eigenleistung siedelten sie das Dorf von einer Talseite in die andere um. Nach dem Umzug erreichten die Männer ein hohes Alter, und die Hühner wanderten nie wieder weit fort.

Feng-Shui hat seine wissenschaftliche Grundlage. Der Wert von Wasserverläufen wurde bereits 3500 v. Chr. erkannt, als die Chinesen die ersten Reisanbauer der Welt wurden. Für den Reisfarmer ist ein sich windender Fluß ein Segen, da er für bessere Bewässerung und fruchtbarere Schlammablagerungen sorgt als eine gerade verlaufende Strömung. Solche Bedingungen ermöglichen größere und vielleicht auch schmackhaftere Ernten, welche die Familie gesünder und wohlhabender sein lassen – der Ursprung der Verbindung zwischen Wasser und Geld im Feng-Shui.

Unter Berücksichtigung der Nord-Süd-Orientierung nutzt der Feng-Shui-Fachmann Sonnenenergie, um Häuser zu beheizen. In China sind ganze neolithische Dörfer nach Süden ausgerichtet. Die Chinesen schützen ihre Häuser traditionell gegen die Nordwinde, indem sie im natürlichen Schutz eines nördlich gelegenen Hügels bauten, oder zum Norden hin eine Mauer ohne Tor errichteten. In den New Territories von Hongkong beachten die Dörfer im allgemeinen weiterhin diese Regeln. Eine Abweichung dazu ist die, daß sich die meisten nicht an Bergen befinden, sondern in deren Ausläufern, so daß die Arbeiter näher an den Feldern sind. In solchen Fällen mag eine Reihe von speziellen Feng-Shui-Bäumen das Dorf von dem Hügel trennen.

Auch wenn ein Gebiet völlig gerodet ist, wird oftmals aufgrund von Feng-Shui ein kleiner Hain stehengelassen. Die Bäume dienen entweder als Windschutz oder nehmen eine starke, mystische Bedeutung an. Diese Tradition ist dermaßen eingeprägt, daß sogar in der Volksrepublik China, wo Feng-Shui offiziell als »rückständig« oder »abergläubisch« abgestempelt ist, solche Bäume einen wichtigen Bestandteil des Lebens und Broterwerbs bilden. Im gesamten Gebiet von Guilin gibt es kahle Hügel, deren gesamte Baumbestände gerodet wurden. Gelegentlich gibt es jedoch völlig bewaldete Hügelhänge, an deren Fuß sich immer ein Gehöft befindet. Ein chinesischer Führer hob dies als Beweis für Feng-Shui hervor und sagte, daß die Bauern sich geweigert hätten, die Bäume von der Regierung fällen zu lassen. Die Praxis ist eigentlich nützlich, da sie den Häusern wirksamen Schutz bietet. Sie beugt gegen Erosion und Schlammlawinen vor und bietet den Häusern und Feldern Windschutz. Die gleiche Situation kann man auch in moderneren landwirtschaftlichen Gegenden in ganz China wiederfinden. Ungeachtet der praktischen Werte werden Feng-Shui-Bäume auch geschützt – und das manchmal jahrhundertelang –, um Katastrophen zu vermeiden, die irgendwelchen Schäden an ihnen folgen könnten. Solche Gefühle waren derart stark, daß im späten 19. Jahrhundert der hohe Preis von Kampferholz in China, welches im Schiffbau Verwendung fand, direkt Feng-Shui zugeschrieben wurde:

Die Bevölkerung, von der das Holz erworben wird, ist zu einem solchen Grad von dem Feng-Shui-Aberglauben beeinflußt, daß hohe Angebote erforderlich sind, um sie zu bewegen, Vorräte davon zu liefern. *Peking Gazette*, 1. Januar 1877[8]

Das ländliche Feng-Shui ist mit Aberglauben durchsetzt. Manche Bäume und Steine erfahren eine Art Verklärung und werden als Heiligtümer entlang den Straßen verehrt. In Hongkong sind die Zweige von alten Immergrünen oft mit Bittzetteln an die Götter behängt. Solche Bäume gibt es auch in Singapur, wo großangelegte Stadterneuerungsprogramme oft ohne Grund gestoppt werden. In der Mitte des alten Chinesenviertels von Singapur steht ein uralter, verkrümmter Baum. Obwohl das ganze Gebiet zwecks Erneuerung eingeebnet wurde, blieb der Baum, der mit roten Papieren und Räucherstäbchen bedeckt ist und von einem alten Mann gepflegt wird, stehen. Ein Einwohner dort sagte dazu: »Es gab riesige Proteste, also arbeiteten die Planierraupen vorsichtig um den Baum herum. Sie ebneten Hunderte von Metern weit alles ein, doch ihn ließen sie stehen, wie eine Oase in der Wüste. Es machte ihnen nichts aus, Tausende von Wohnhäusern zu zerstören, doch den Baum rührten sie nicht an.«
In Hongkong sind Feng-Shui-Bäume manchmal nicht sehr alt, sondern wurden als Schutz vor neuge-

schaffenen unheilvollen Geistern gepflanzt, wie hohe Gebäude, rauchende Fabriken und Straßen, oder, um Dorfgrenzen zu markieren und Hecken von Privatgrundstücken zu bilden. Wenn Fabriken oder neue Hochhäuser nahe einem Bauernhof oder einer Ortschaft entstehen, reagieren die Anwohner oft damit, daß sie Bäume anpflanzen, die den schlechten Einflüssen der hohen Bauten entgegenwirken sollen oder, um Umweltverschmutzung oder schlechtes Ch'i zu bekämpfen.

(In manchen Feng-Shui-Praktiken können Bäume und Pflanzen jedoch unerwünscht sein. Sie werden als Träger von unheilvollen Geistern angesehen, die darauf aus sind, die Gesundheit eines Menschen zu schädigen. Auf Cheung Chau, einer der Inseln vor Hongkong, kehrte ein westlicher Journalist zu seinem frischgemieteten Häuschen zurück, um zu entdecken, daß die es umgebenden Bäume und Blumen verschwunden und durch eine Betonschicht ersetzt worden waren. Sein Vermieter, der im oberen Teil des Hauses wohnte, erklärte, daß die Vegetation eine Brutstätte des Übels gewesen sei, das seine Familie befallen könnte.)

Es ist nicht ungewöhnlich für einen Feng-Shui-Fachmann, rudimentäre wissenschaftliche Erkenntnisse anzuwenden, um einen guten Standort zu bestimmen und dann seine Entscheidung als Mystik auszugeben. Um die Lage einer Brennanlage für Ziegelsteine zu bestimmen, stellte ein Feng-Shui-Experte in einem safranfarbenen Gewand einen Tisch mit Wein, Weihrauch und Opfergeldscheinen auf. Trotz der mystisch wirkenden Aufmachung erforschte er den Standort tatsächlich nicht durch

Kommunikation mit den Göttern, sondern durch gewissenhafte Anwendung wissenschaftlicher Methoden. Der aufsteigende Weihrauch verriet ihm die vorherrschende Windrichtung, und er berechnete dann den Winkel, in dem Rauch von dem Dorf weggeblasen würde. Beim Verbrennen des Opfergeldes beachtete er, wie hoch die Asche aufstieg und schloß daraus auf die erforderliche Höhe des Schornsteins. Orientierung wurde im Laufe der Zeit vielseitiger und mystisch. Der erste Kompaß der Welt wurde in China nicht für die Navigation, sondern für die Geomantie konstruiert. Manche Feng-Shui-Fachleute verwenden heute eine komplizierte Version dieses gleichen Kompasses, der alle Elemente des chinesischen Universums in bis zu 24 um die Kompaßnadel angeordneten Kreisen enthält. Das Ergebnis ist, einfach ausgedrückt, die Harmonisierung der Vollkommenheit des Universums mit der Erde.

Diese Methode der Standortbestimmung kann sehr aufwendig sein. Nehmen wir den Tin-Hau-Tempel in der Mitte des Dorfes Tsuenwan in den New Territories als Beispiel. Dieser 200 Jahre alte Bau stand im Wege der Schienenlegung des *Mass Transit Railway*, einer Eisenbahnlinie. Die Dorfbewohner bestanden darauf, daß der Tempel das gute Feng-Shui von Tsuenwan darstellte und daß er der Grund dafür sei, daß sich die Ortschaft rasch zu einem wohlhabenden Gebiet entwickelte. Es wurde ein Kompromiß beschlossen: Obwohl der Tempel entfernt würde, um den Bau der Bahn zu ermöglichen, sollte er anschließend Stein für Stein wieder am gleichen Ort und mit der gleichen Ausrichtung nach Westen hin aufgebaut werden. Der Preis dafür: 400 000 US-Dollar.

Obwohl der Kompaß ein traditionelles Hilfsmittel des Feng-Shui ist, entdecken manche Geomanten heute, daß sie ohne ihn auskommen. Lin Yun sagt dazu: »Ich habe den Kompaß verinnerlicht.«

Grabstätten

Die Gräber Hongkongs scheinen sich auf den besten Grundstücken zu befinden. Hunderte von Gräbern in den Bergen von Hongkong genießen Aussichten auf schöne Grünanlagen, das Südchinesische Meer und Inseln, die abrupt aus den glitzernden Wassern emporsteigen wie die Rücken von Walen, die in der Bucht spielen.

Seit Tausenden von Jahren wenden die Chinesen vom Kaiser bis zum Landarbeiter viel Überlegung und Geld bei der Auswahl von Grabstätten auf. Sie glaubten, daß die Nachkommen leiden würden, wenn die Verstorbenen nicht richtig bestattet wären. Der Nachkomme eines Ahnen mit einem besonders guten Grab, heißt es, wird mit Reichtum, Gesundheit, vielen Söhnen und vielleicht sogar einer gehobenen Stellung belohnt werden.

Grabstätten sind laut Chen To-sang, einem Feng-Shui-Fachmann aus Hongkong, die wichtigsten Bestimmungen überhaupt im Feng-Shui. Für den Tod von John F. Kennedy und seinem Bruder Robert macht er beispielsweise »ein schlecht plaziertes Grab« verantwortlich. »Mit Sicherheit hat das Grab eines Großvaters schlechtes Feng-Shui.« Der gleichen Logik entsprechend sagte er 1979 voraus, daß Teddy Kennedy nie zum Präsidenten gewählt wird.

Mit der Gabe der rückblickenden Erkenntnis verfolgt Lin Yun die vielen Probleme der Vereinigten Staaten zurück zu der relativ unbedeutend wirkenden Grabstätte ihres Gründervaters, George Washington. Nicht nur sei das Grab zu niedrig am Fuße eines Hügels bei Mount Vernon angelegt, sondern sein Eingang wird von einem großen Baum überschattet, der wenige Meter davor steht. Daher behindern ein Mangel an Sonne und beschränkter Ch'i-Fluß die Entwicklung des Landes.

Das Feng-Shui der Grabstätten ist mit der uralten chinesischen Tradition der Ahnenverehrung verwachsen. Das Ergebnis ist die Motivation, die Gräber der Ahnen zu pflegen. Ein Missionar des 19. Jahrhunderts verdammte diese Praxis als nicht konfuzianisch und selbstsüchtig.

Bei der Bestimmung der Lage eines Grabes wenden Feng-Shui-Fachleute vielfach gleiche Methoden an wie bei den Wohnhäusern. Die äußeren Einflüsse der Gegend müssen untersucht werden: ob das Grab nahe genug an Wasser liegt, ob die Orientierung stimmt – der grüne Drache links und der weiße Tiger zur rechten Flanke ist, die schwarze Schildkröte dahinter und der rote Phönix davor. Bestattungen wurden über Monate aufgeschoben, während man die perfekte Lage suchte.

Ein Geomant verfolgte Sun Yat-sens Aufstieg zurück zu dem wohlplazierten Grab seiner Mutter in Clearwater Bay, New Territories. Die Grablage entspricht den klassischen Feng-Shui-Vorgaben. Es befindet sich an der Südseite einer Schildkröte und blickt hinaus über das blaue Meer. Links davon ist ein Berg, der grüne Draché, und rechts ist ein weniger hoher Hügel, der weiße Tiger. Neben den schützenden Hügeln sind auch der Ausblick und die Nähe von Wasser, welches Geld symbolisiert, wichtig. Manche Leute kaufen das Land vor ihren Grabstätten, um sicherzugehen, daß keine Bauten den Zugang zum Reichtum blockieren werden.

Bergformen können Einfluß auf die Nachkommen der Verstorbenen ausüben. Ein unförmiger Berg kann Unheil verursachen. Eine in Amerika lebende frühere Chinesin führt körperliche Mißbildungen auf den Spalt in einem Hügel zurück, der gegenüber der Familiengrabstätte liegt. »Seitdem wir dort Familienmitglieder beisetzten«, erklärt sie, »wurde in jeder Generation ein Kind mit einer Hasenscharte geboren.«

Manchmal spielt in der Wahl einer Grabstätte ein Hauch von wissenschaftlichem Denken eine Rolle. Die Gegend nördlich von Loyang ist seit langem als Beerdigungsstätte berühmt, hauptsächlich, weil der dort niedrige Wasserspiegel die Leichen trocken hielt und ihren Verfall verhinderte und so, im Denken der Nachkommen, Glück und Reichtum der Familie vor dem Verfall schützte.

Geschichten und Legenden über die Wunder und Kräfte von Feng-Shui-Grabstätten gibt es zuhauf. Damals während der Ming-Dynastie, heißt es, wurde ein Mann Kaiser, weil er den Sarg seines Vaters in einer Berghöhle aufhängte – dem Maul des Drachen –, so daß der Vater buchstäblich zur Zunge des Drachen wurde.

Nicht nur das Schicksal der Menschen, sondern auch das der Nation, heißt es, hängt von der korrekten Beisetzung des Herrschers ab. Wenn ein Land in

Not gerät, kann es sein, daß die Ursache dafür nicht im wirtschaftlichen oder politischen Bereich liegt, sondern in der falschen Plazierung des Herrschergrabes. Manche Chinesen meinen, daß Taiwans politische Probleme, dabei besonders die amerikanische Anerkennung der Volksrepublik China 1979, mit der falschen Plazierung der Grabstätte des Generalissimo Chang Kai-shek verbunden sind: Sie befindet sich auf einem Drachen der Lebenden, statt einem für die Toten.

Die Menschen sind nicht darüber erhaben, die Toten einzusetzen, um ihren Feinden zu schaden. Vor circa 50 Jahren in Taiwan schrieb man den Aufstieg einer reichen Familie der guten Plazierung der Grabstätte des Vaters durch einen geschickten Feng-Shui-Professoren aus China zu. Die Familie gedieh und brachte viele Söhne hervor, die ihrerseits erfolgreich waren, bis der Sohn des Feng-Shui-Mannes nach Taiwan kam und von der Familie schlecht empfangen wurde. Um ihre Undankbarkeit zu bestrafen, kaufte er das Land vor dem besagten Grab, pflanzte dort einen Halbkreis aus Bambus und legte einen Weg an, der die Enden des Halbkreises verband, sowie einen zweiten Weg im rechten Winkel dazu, der auf das Grab zulief – eine Anordnung wie Pfeil und Bogen.

Merkwürdigerweise brach der Grabstein in der Mitte durch. Innerhalb von drei Jahren war die Familie bankrott, und viele ihrer Mitglieder waren gestorben. Also engagierten sie einen weiteren Feng-Shui-Mann aus China, um festzustellen, was falsch gelaufen war. Er erkannte das Problem und korrigierte es, indem er den Grabstein ersetzen ließ und an beiden Seiten des Grabes je zwei steinerne Hasen mit ausgestreckten Pfoten aufstellen ließ, die in Bereitschaft waren, den Pfeil aufzufangen (Hasen sind flink). Nach einem Jahr waren die Probleme der Familie verflogen.

Grabstätten sind die ältesten noch verfügbaren Beispiele von Feng-Shui in China. Wie die Ägypter scheuten die Chinesen bei der Bestattung des Hochadels keinen Aufwand, um eine Umgebung zu schaffen, in welcher der Tote für immer so friedlich und angenehm wie nur möglich ruhen konnte. Das Grab des Ch'in Shih Huang Ti, dem ersten Kaiser Chinas, ist ein von Menschenhand geschaffener Hügel entlang einer Nord-Süd-Achse, der von einer lebensgroßen Armee flankiert ist. In der Grabkammer selbst wurde das Aussehen des Palastes nachgebildet. Das Innere der Grabstätte, von 700 000 Arbeitern geschaffen, repräsentiert die Harmonie des Universums, die Decke mit den himmlischen Konstellationen bemalt und die Topographie der Erde vollständig bis hin zu Flüssen und Ozeanen aus Quecksilber im Fußboden. (In früheren Dynastien wurde für die Sicherheit und den Komfort des toten Herrschers gesorgt, indem man seine Dienerschar, Kampfwagen, Pferde und enthauptete Feinde mit begrub.)

Wenn eine Grabstätte den Räubern entging, wies der Innenraum besonders geschätzte Artifakte auf, Fresken von höfischen und religiösen Prozessionen, Münzen, Bronzen und Spiegel. Heute führen die Chinesen diese alte Tradition der Entsendung von Lieblingsobjekten in die Geisterwelt fort, indem sie Villen, Lear Jets, Autos, Diener, Kleider, Toilettenartikel, Töpfe, Pfannen, Geld und Sonnenbrillen ver-

brennen – alles natürlich aus Bambusstöckchen und Papier gefertigt. Andere geliebte Dinge des Verstorbenen, wie Zigaretten, werden dem Sarg beigelegt.
Eine Art Unsterblichkeit – ein immerwährendes Trachten der alten Chinesen – wurde in einigen kaiserlichen Grabstätten erreicht. Im Fall des Grabes einer Prinzessin der Han-Dynastie hatte der Geomant offenbar einen ausreichend trockenen Standort finden können, denn nach mehr als 2000 Jahren war nicht nur ihr Körper noch erhalten, sondern sogar das Seidengewand, das sie bei ihrer Beisetzung trug.
Ein Grab in den New Territories ist so vorteilhaft plaziert, daß es seit über 300 Jahren unversehrt geblieben ist. Auf weniger wertvollen Grundstücken drum herum wurden moderne Gebäude errichtet, und das in Hufeisenform angelegte T'ang-Grab beherrscht weiterhin einige Morgen des besten Baulandes von Tsuenwan mit direkter Feng-Shui-Ausrichtung zum Meer hin. (Die Form des Grabes selbst wird als glückbringend betrachtet, da sie die »Lehnstuhl«-Bergform nachempfindet.) Die Lagen der Gräber in den New Territories haben die Nachkommen nachträglich finanziell belohnt. Wenn die Verwaltung oder private Unternehmer ein Gebäude oder eine Straße bauen wollen, müssen sie für die Exhumierungen und Umbettungen oft hohe Grabgebühren zahlen. Manchmal müssen sie sogar öffentliche Projekte um Gräber herumleiten.
Gräber in den New Territories haben etwas Fallenartiges an sich. Graburnen scheinen wie Minen in der ganzen Landschaft verstreut zu sein. Als die Regierung in Yuen Long eine Straße »rein zum Vorteil der

Dorfbewohner« asphaltieren lassen wollte, entdeckte man eine große Anzahl von Graburnen mit ausgetrockneten und gebleichten Knochen darin. Die Nachkommen bestanden darauf, daß diese Wegstrecke weder angetastet noch asphaltiert werde. Heute enthält diese Straße ein drei Meter langes Stück naturbelassenen Bodens.

Feng-Shui-Fachleute ringen sogar auf katholischen und anderen christlichen Friedhöfen mit der Plazierung der Gräber. In allen Fällen müssen sie feststellen, wie Ch'i am besten angewendet werden kann. Die Form der Grabstätte ist laut Lin Yun wichtig, sie muß Ch'i anziehen und hereinleiten. Ein Quadrat eignet sich am besten. Auch ist es vorteilhaft, einen schmalen Innenteil und einen breiten Eingang zu haben.

Ein schmaler Eingang schafft Probleme. »Wenn der schmale Teil am Eingang liegt und der breite weiter hinten, wirkt sich das drastisch auf das Leben, die Laufbahn und die finanziellen Möglichkeiten der Söhne und Enkelsöhne aus. Ihr Weg wird immer enger werden.« Der Bereich darf kein eingeengtes, Platzangst auslösendes Gefühl vermitteln.

Der Grabstein muß in gleicher Weise wie das Kopfbrett des Grabes plaziert werden. Pflege, sagt Lin Yun, ist wichtig. Manchmal verändert sich die Farbe des Grabsteins. Wird er schwarz, so steht der Familie eine Katastrophe bevor. »Wenn Weiß aus dem Stein hervorkommt, wird die Familie innerhalb von zwei bis drei Jahren ein weißes Ereignis erfahren«, behauptet Lin Yun. (Für Chinesen ist Weiß die Farbe tiefster Trauer.) Also, rät er, kann man das Schwarz oder Weiß des Steines abschrubben, eine günstige

Lösung, oder, was besser ist, »*Chu-shr* anwenden, den transzendentalen Weg, und den weißen Streifen entweder mit *Jusha* (ein rotes Medizinpulver) oder mit *Jusha*-Wein einreiben«.

Eine Yin-Grabstätte sollte trockener sein als eine Yang-Grabstätte, damit Leiche und Sarg nicht schnell verfallen. Aus diesem Grund, sagt Lin Yun, sollte die Familie sicherstellen, daß die Grabstätte eine gute Drainage hat, um Regenwasser abzuleiten, und daß die Drainage der Nachbargräber nicht dorthin abfließt.

[1] Ernest Eitel, *Feng Shui: or the Rudiments of Natural Science in China* (Hongkong, 1873), S. 20.

[2] Maurice Freedman, »Geomancy«, Presidential Address, London School of Economics and Political Science, 1968.

[3] Andrew March, »The Winds, the Waters and the Living Qi«, *Parabola Magazine* 3, Nr. 1 (1978), S. 29.

[4] Donald Mackenzie, *Myths of China and Japan* (London: Gresham Publishing, 1939).

[5] David Hawkes, *A Little Primer of Tu Fu* (New York: Oxford University Press, 1967), S. 48.

[6] Arthur Waley, *The Way and It's Power* (New York: The Macmillan Company, 1958), S. 151.

[7] Eitel, E. J., *Feng-Shui oder die Rudimente der Naturwissenschaft in China* (Zürich: Felicitas Hübner Verlag im Oesch Verlag, 1982), S. 2.

[8] Stephan Feuchtwang, *An Anthropological Analysis of Chinese Geomancy* (Vientiane, Laos, 1974), S. 128.

4

Feng-Shui im Stadtbild

Der Wind im Tal

Zurückgezogen jenseits der Welt lebend,
still das Alleinsein genießend,
ziehe ich das Seil meiner Tür fester
und stopfe die Fenster mit Wurzeln und Farnen
aus.
Mein Geist ist auf den Frühling eingestellt;
im Herbst des Jahres ist dieser in meinem Herzen,
und so, in der Nachahmung der kosmischen
Änderungen,
wird meine Hütte zu einem Universum.

Lu Yün (262–303)[1]

Die Wurzeln des Feng-Shui liegen in den allerersten
Anfängen der Gesellschaft. Als viele Standorte zur
Auswahl standen, suchten die ersten Menschen, die
Häuser bauten, natürlich die günstigsten und ange-
nehmsten Lagen. Mit Blick zum Süden hin, sicher
vor der Überflutung und vor dem Nordwind geschützt, gediehen die Menschen und ihre Herden bei
wärmender Sonne, reichlich Wasser und vielfältiger
Vegetation. Wer ein Auge für solche Lagen hatte,
wurde mit Erfolg belohnt.

In Städten und Vorstädten und sogar in den dichtbe-
siedelten Ballungsgebieten kann ländliches Feng-
Shui funktionieren, und tut es auch. Die Suche nach
Ch'i und die Ausgewogenheit von Yin und Yang
sind weiterhin die wichtigsten Ziele bei der Plazierung von Häusern. Die Chinesen in Hongkong weisen gerne darauf hin, daß die früheren Kolonialver-
waltungen – absichtlich oder nicht – die Grundprin-
zipien des Feng-Shui beachteten. Jeder Feng-Shui-
Fachmann, den ich sprach, stimmt zu, daß die Villa
des Gouverneurs, hoch über dem Herzen von Hongkongs Finanzviertel und dem Victoria-Hafen gelegen, einen der besten Standorte der Kolonie hat. Sie
sagen, daß ein großer Teil des finanziellen und politischen Erfolges der Kolonie auf dieses siebzig Jahre
alte, weiße Gebäude zurückzuführen sei. Es wurde
erbaut, als Hongkong nichts weiter als eine kleine
Hafenstadt war; der Eingang des Hauses blickt nicht
zur Hafenseite hin, wie man erwarten könnte, sondern bergauf zu dem botanischen Garten. Dieses,
heißt es, hilft dem Gouverneur, eine kluge, ausgewogene Politik zu führen. Chen To-sang sagt dazu:

Würde er zum Wasser hinblicken, wäre das nicht
gut. Sehen Sie, zur Rechten des Hauses liegt Victoria Peak, ein Drache, dessen Rückgrat durch
den Garten bis hin zum Hauseingang verläuft.
Also genießt der Gouverneur Ch'i, das förmlich
bis zu seiner Türschwelle fließt. Und, als wäre das
noch nicht genug, es zieht sich ein weiterer Berg
herum, so daß er gemeinsam mit dem Victoria
Peak das Haus schützt, es wiegt wie die Arme
einer schützenden Mutter.

Mit dem Vordringen der Zivilisation in die Land-schaft müssen unweigerlich einige alte Auffassun-gen fallengelassen werden. Der Bau von Straßen, die Verlagerung von Gräbern und Graburnen oder das Versetzen von gewissen Steinen – alles Dinge, die für das Dorf- oder Landleben bedeutend sind – ver-liert an Wichtigkeit. Der moderne Feng-Shui-Fach-mann muß sich mit einer neuen Umwelt befassen. Sowie mehr Menschen in eine Gegend ziehen, sinkt die Anzahl der verfügbaren guten Standorte: Nicht jedes Haus kann einen Meerblick haben oder hinter sich einen Berg; begrenzte Baugrundstücke und re-gelmäßig angelegte Straßen erfordern neue Regeln und Veränderungen der alten. All dem haben sich die Feng-Shui-Fachleute angepaßt. Sie müssen nicht nur die traditionellen Kräfte von Bergen, Bäu-men, Wind und Wasser nutzen und in Einklang brin-gen, sondern auch eine große Anzahl von modernen, künstlichen Formen: Straßen, Abflüsse, die Formen von Grundstücken und Häusern, Nachbarhäuser und sogar Faktoren wie Bebauungspläne.

Je mehr die Hand des Menschen die Landschaft do-miniert, desto mehr spielt auch die Architektur eine wichtige Rolle in der Funktion von Feng-Shui. Trotz allem Gerede von natürlichen Formen paßten tradi-tionelle chinesische Bauten nicht harmonisch in die Landschaft, jedenfalls nicht nach westlichen Maß-stäben. Tatsächlich folgten chinesische Häuser, Tempel, Paläste und sogar ganze Städte seit dem 2. Jahrtausend v. Chr. formellen geometrischen Richtlinien – ein U-förmiger Gebäudekomplex, der durch eine Wand oder einfassende Mauern zum Rechteck wurde.

Diese Regeln waren keineswegs willkürlich, sondern symbolisch und heilig. Man kann sie als winkelige Nachahmungen von Bergen ansehen, verfeinerte Darstellungen des Feng-Shui-Ideals, im allgemeinen auf eine Nord-Süd-Achse gesetzt. Ein gutes Beispiel dafür ist Erh Li-tou, ein Palast der Schang-Dynastie (1766–1123 v. Chr.) in der Henan-Provinz. Das Hauptgebäude liegt im nördlichen Teil des Komplexes mit Blick auf den Eingang und somit die Sonne. Diese Anordnung könnte von der schützenden, archetypischen Anordnung der Bergtiere abgeleitet sein: dem roten Phönix, der schwarzen Schildkröte, dem grünen Drachen und dem weißen Tiger. Sie schützte die Einwohner vor den harten Nordwinden.

Bis vor kurzem bauten die Chinesen vom Prinzen bis zum Arbeiter im gesamten Reich Häuser, die diesem Modell mit nur geringen Abweichungen entsprachen, und benutzen dafür Ziegelsteine mit den gleichen, festgeschriebenen Maßen. Wenn eine Familie Zuwachs bekam, fügte sie lediglich eine weitere, quadratische Einheit hinzu. Manche Komplexe umfaßten ein halbes Dutzend solcher Einheiten.

Sogar zeitgenössische, im Westen geschulte Architekten in Hongkong geben zu, daß sie grundlegende Feng-Shui-Konzepte anwenden. Beim Entwerfen des Hongkong Country Club befaßte sich Erik Cumine nicht nur mit den vorgeschriebenen Grenzen des Grundstücks, sondern auch mit der umliegenden Landschaft, einem Berg dahinter und dem Meer davor. »Ich bemühte mich, die Grundstücksgrenzen zu verkleiden und mit natürlichen Abgrenzungen zu arbeiten, und mit einem Busch hier und einem

Baum dort Ausgewogenheit zu schaffen.« Daher steht das Clubhaus im Verhältnis zum Grundstück schief und orientiert sich nur an natürlichen Elementen. Erik Cumine sagt: »Die besten berechneten Gebäudepläne sind ungleich. Symmetrie ist für Ausgewogenheit nicht erforderlich. Die Natur ist nicht symmetrisch, unsere Gesichter sind nicht symmetrisch und unsere Herzen sind nicht symmetrisch.«

Hügel

Hügel haben bei der Entwicklung von Städten auf der ganzen Welt eine bedeutende Rolle gespielt. Während sie im Westen oft für Städte und Festungen genutzt wurden, waren sie für die Chinesen traditionell willkommene Barrieren, Verteidigungsmaßnahmen gegen die mongolischen Barbaren und die kalten Nordwinde. Von Hügeln – oder, in flachen Gebieten, Erdanhäufungen – glaubte man, daß sie Wärme abgaben und so das Leben im Winter angenehmer machten. Wie moderne Architekten bestätigen, halten sie im Sommer auch Kühle in sich.

Die Form eines Hügels, ein Ergebnis der Kräfte von Wind und Wasser, ist vorrangig im städtischen Feng-Shui. Hügel werden als Erhebungen aufgefaßt, die durch gutes Ch'i entstanden, und bieten reichhaltige, nützliche Bilder, die man meistens mit ländlichen Gegenden verbindet: Drachen, Tiger, Phönixe und all die anderen. (Im Gegensatz zum Land haben sich chinesische Ortschaften und Vororte längst an menschliche Veränderungen der Landschaft gewöhnt. Die Einwohner protestieren selten oder ver-

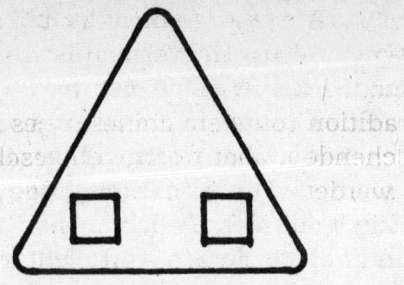

Hügel oder Grundstück in Dreiecksform: Das Haus sollte auf einem »Muskel« dieser Muschelform stehen, um Ch'i und Geld einzubehalten.

langen Tun-Fu-Zeremonien, wenn Planierraupen anrücken.) Die schlimmste denkbare Lage für ein Gebäude ist Land ohne Eigenschaften – eine flache Ebene ohne von Ch'i gebildete Konturen. Wahrscheinlich rührt das daher, daß im alten China ein so gelegenes Haus während der Schneeschmelze im Frühjahr und bei schweren Regenfällen von Überschwemmungen bedroht gewesen wäre.

Bei der Betrachtung von Hügeln stellen Chinesen drei Grundformen fest: rund, quadratisch oder dreieckig. Die Anmut eines runden Hügels und eines sanften Tals ist natürlich das Wünschenswerteste, da so alles hügelig ist. Rechteckige Bergblöcke, auf denen das Haus steht, schützen es natürlich vor Fluten, setzen es jedoch den schneidenden Winden aus. Dreieckige Landstücke sind nur dann bewohnbar, wenn sie als Terrassen gestuft sind oder wenn das Haus an genau der richtigen Stelle plaziert wird. Wenn zufällig ein dreieckiger Hügel einer Muschel ähnelt, schlägt Lin Yun vor, das Haus nicht an der

Seite zu bauen, sondern an der Stelle, wo das Tier einen seiner kräftigen Muskeln hätte, um so Ch'i und Geld einzubehalten.

Laut Tradition sollte ein chinesisches Haus an einer beherrschenden, aber doch wohlgeschützten Stelle gebaut werden: Die klassische Lage ist mitten an einem Hügel mit Blick nach Süden zum Meer hin. In diesem Fall stimmen die Feng-Shui-Prinzipien mit der westlichen Vorstellung einer guten Lage überein. »Manche Leute, die nichts von Feng-Shui wissen«, sagt Lin Yun, »wählen dennoch eine gute Wohnlage.« (Es überrascht nicht, daß solche Leute oft reich sind und Strandhäuser besitzen, die hinter sich einen Berg und vor sich das Meer haben.) Am besten ist jedoch eine Hügelzusammenstellung in Lehnstuhl-Form, das mit dem grünen Drachen, dem weißen Tiger und der schwarzen Schildkröte das Haus von drei Seiten schützt. Eine schlechte Situation wiederum wäre die unter einem Überhang – einem »Tigerkopf« oder »Löwenkopf«. Es wäre unklug, eine solche Bestie in Versuchung zu bringen, indem man sein Haus unter ihr Maul stellt.

Das Vorziehen einer geschützten Lage anstelle einer exponierten Hügelkuppe ist tief im chinesischen Charakter verwurzelt. Im Gegensatz zum westlichen Menschen, der bemüht scheint, die Natur zu beherrschen, versuchen Feng-Shui-Anhänger, sie zu nutzen. Auf der Insel Hongkong mit ihren hochragenden Bergen finden sich diese Gegensätze. Dort lebende Ausländer und einige westlich gesinnte Chinesen glauben an eine symbolische Hierarchie: Je höher man wohnt, desto bedeutender der eigene Stand, und der Peak selbst ist buchstäblich der Gipfel des Prestige. Viele Chinesen amüsiert es, daß reiche Firmendirektoren und Diplomaten in Villen, Luxus-Hochhäusern und Konsulaten auf dem Peak in 500 Meter Höhe leben, meist von feuchten Nebelschwaden umgeben, von Winden geschüttelt und eine lange Fahrt von ihren Büros entfernt. Wohlhabende Chinesen ziehen statt dessen die Bequemlichkeit von Wohnungen der mittleren Höhen an den Hängen vor, die oft bessere Aussicht, weniger Umstände und Schutz vor Taifunen bieten. (Lin Yun fügt jedoch hinzu, daß ein Haus wohl auf einer Hügelkuppe gebaut werden kann, doch nur dann, wenn der Standort außergewöhnliches Ch'i aufweist.)

Im Sinne von Feng-Shui zerstört Bebauung natürlich oftmals das Gleichgewicht der Natur. Straßen durchtrennen Bergadern, und Wolkenkratzer stoßen wie Messer in das Fleisch der Erde. In solchen Fällen hat sich das scharfe Auge des Feng-Shui-Experten als unentbehrlich erwiesen. Die Architekten, Ingenieure und Bauunternehmer Hongkongs suchen oft ihren Rat. Feng-Shui-Fachleute sehen mehr als nur für jeden sichtbare Landschaftselemente, wenn sie Anzeichen von Gefahr oder Glücksverheißungen suchen. An der Po Shan Road in Hongkong hatten Bauunternehmer einen Teil des Berghanges weggeschnitten, um eine flache Terrasse zu schaffen, auf der Luxuswohnungen gebaut werden konnten. Als 1975 ein Feng-Shui-Mann eine der Wohnungen dort untersuchte, warnte er die Bewohner, sie müßten sofort ausziehen: »Ein gefährlicher Frosch hockt oben auf dem Hang«, sagte er und wies auf einen Überhang hin. »Er könnte in jedem Augenblick springen.« Die Familie zog tatsächlich um, und eine

Woche später, nach schweren Taifun-Regengüssen, rutschte ein »Frosch« aus Schlamm den steilen Hang herab, begrub ihr früheres Zuhause und tötete achtzig ihrer ehemaligen Nachbarn.

Manchmal kann ein Geomant jedoch das Feng-Shui der Landschaft verbessern. Ähnelt ein Hügel einem kopflosen Tier, so würde ein Haus auf dem »Hals« die Bewohner in die Lage des Denkens und der Kontrolle versetzen. Indem es den Kopf bildet, vervollständigt das Haus nicht nur eine natürliche Form, sondern verleiht der Landschaft zusätzlich Harmonie und verbessert dabei ihr Ch'i sowie das der Bewohner.

Wasser

Bei der Standortbestimmung einer Stadt, wie beim ländlichen Feng-Shui, ist die Topographie des Wassers, welches Geld symbolisiert, lebenswichtig. Es kann zuviel davon geben oder auch zu wenig, und beides ist gleichermaßen schlecht. Ein Haus liegt am innersten Punkt einer runden Bucht am besten, denn das Wasser ist rund, das Geld ausgewogen und hineinfließend. Häuser am Ende einer Landspitze könnten Schwierigkeiten erfahren, da nichts das Wasser, sprich Geld, einbehält. Eine weitere gute Lage für Häuser ist über dem Zusammenfluß von Strömen. Doch gibt ein Bach, der durch das Grundstück und nahe am Haus fließt, schlechtes Ch'i ab und kann das Familienvermögen davontragen.

Teiche, Seen oder Flüsse vor dem Haus sind meistens gut und verstärken das Ch'i der Einwohner.

Doch warnt Lin Yun, daß man aufpassen muß, ob das Wasser »lebendig« ist – sauber und in Bewegung, reines, gutes Ch'i fördernd – und nicht »tot«, verschmutzt und stagnierend, abträglich der Gesundheit und dem Ch'i, und zusätzlich eine Brutstätte für Mücken. Totes Wasser kann auch die Art und Weise beeinflussen, in der die Einwohner ihre finanziellen Angelegenheiten handhaben, indem es eine Neigung zu schmutzigem Geld aufkommen läßt. Der Watergate-Komplex bei Washington, merkt Lin Yun an, ist gut angelegt mit Blick über den Potomac-Fluß und sein finanziell günstiges Ch'i. Doch da der Fluß verschmutzt ist, könnte das Geld besudelt sein, und diverse undurchsichtige Vorgänge könnten stattfinden.

Wie bei allem im Feng-Shui muß ein Teich oder Bekken im Garten ausgewogen sein. Er sollte nahe genug am Haus liegen, um ihn von dem Ch'i des Wassers profitieren zu lassen, doch nicht so nahe, um gefährlich oder destruktiv zu sein. Ch'i dieser letzteren Art, sagt Lin Yun, springt rasch aus dem Wasser, trifft das Haus wie ein Geschoß und verursacht »bedauerliche Geschehnisse«. Um fernes Wasser anzulocken, rät Lin Yun, einen Spiegel aufzuhängen, der auf Ch'i wie ein Magnet wirkt. Um das Ch'i eines Beckens zu verändern, das sich zu nahe am Haus befindet, schlägt Lin Yun vor, den Abstand zu vergrößern, indem man einen sich windenden Weg zwischen Becken und Haus anlegt. Dies ähnelt den verschlungenen Pfaden, Bögen und verwinkelten Brücken in chinesischen und japanischen Gärten, welche die räumlichen und zeitlichen Intervalle von einem Punkt zum anderen verlängern, künstlich das

Blickfeld vergrößern und einem kleinen Garten die Wirkung eines größeren verleihen und ihn das Universum als Mikrokosmos darstellen lassen.

Auch die Größenverhältnisse sind wichtig, und sollte ein Teich größer sein als das Haus, so könnte sein Ch'i die Einwohner überwältigen. Lin Yun erklärt das so: »Der wichtigste Aspekt des Grundstücks sollte das Haus sein, in dem Menschen leben, nicht das Wasser. Sie sind die Gastgeber, und der Teich sollte der Gast sein. Der Gast sollte nicht größer als die Gastgeber sein.« Um eine ungünstige Situation zu korrigieren, setzt Lin Yun eine Leuchte, einen Steingarten oder einen Baum am Grundstücksende gegenüber dem Teich ein. Laut seiner Erklärung bringt dies den Bereich ins Gleichgewicht, erweitert das Herrschaftsgebiet des Hauses und zerstreut das überschüssige Ch'i des Teiches.

Seit Menschengedenken messen die Chinesen der Form eines Wassers große Bedeutung bei. Als ideal galt ein Becken in Viertelmondform, dessen Biegung fort vom Haus zeigte. Das Feng-Shui von Hausbrunnen wird durch Yin-Yang-Analyse festgestellt: Das Wasser (Yang) bewegt sich im Brunnen (Yin); Menschen (Yang) bewegen sich im Hause (Yin). Durch das Ausheben und Auffüllen des Brunnens mit Wasser wird Yin daher weggenommen und durch Yang ersetzt. Im Hause kann das Echo darauf eine Erkrankung oder gar der Tod eines Menschen (Yang) sein, um den Verlust von Yin draußen auszugleichen. Lin Yun behauptet, daß der Bau eines neuen Brunnens oder eines Fensters der Familie Krankheit oder Tod bescheren kann. Doch fügt er hinzu, daß glücklicherweise alte Brunnen meistens

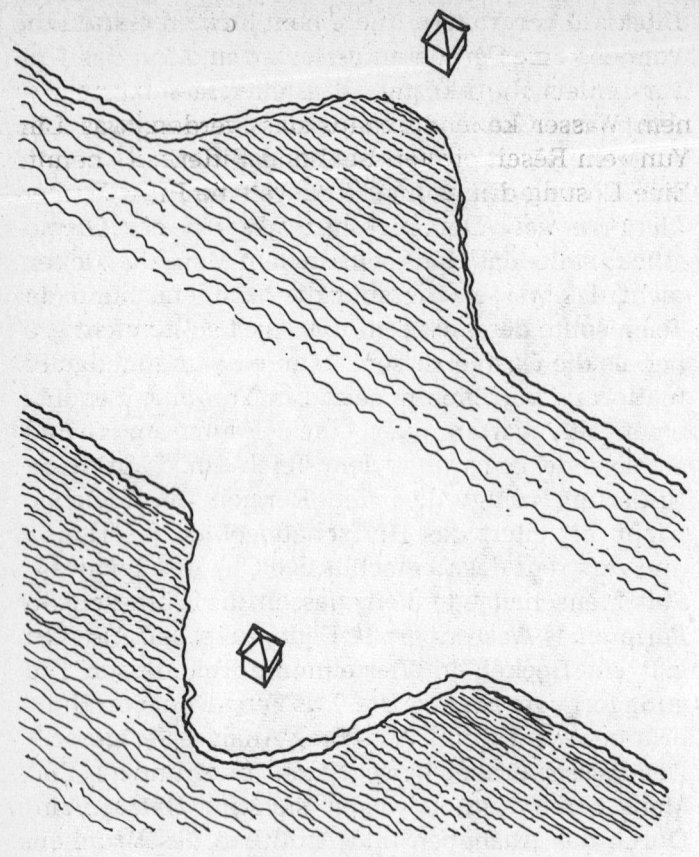

Wasserformen: Ein Haus am innersten Punkt einer Bucht liegt am besten, Wasser und Geld fließen hinein. Ein Haus auf einer Land-spitze kann schlecht gelegen sein, da nichts das Geld einbehält.

unbedenklich sind, vorausgesetzt, daß die Hausbe-
wohner keine Sorgen erfahren haben.

Ein schlecht gepflegter Brunnen mit abgestande-
nem Wasser kann durchaus das werden, was Lin
Yun »ein Reservoir von Leid und Bitterkeit« nennt.
Eine Lösung dafür besteht darin, eine Pflanze über
dem Brunnen zu plazieren, um schlechtes Ch'i hoch-
zubringen und positiver werden zu lassen. Abflüsse
sind auch übel, doch kann einem Gullydeckel in der
Nähe des Hauses entgegengewirkt werden, indem
man einen mit Reis gefüllten Blumentopf darauf
stellt, damit die Familie wächst und sich gut ernäh-
ren kann.

Pflanzen und Bäume

Wie in ländlichen Gebieten stellen Pflanzen den
Schlüssel zur Natur des Ch'i einer Gegend dar. Lin
Yun sagt: »Manche haben hellere Färbung, andere
ein leuchtendes Grün wie frischgewachsenes Gras.
Man kann meistens eine Linie ziehen, die alle leuchtend grünen Pflanzen miteinander verbindet.« Solche starkwüchsigen Streifen werden oft »Drachenadern« oder »grüne Bänder« genannt. Gebäude, die
auf ihnen stehen, genießen erstklassiges Erd-Ch'i
und zapfen die positivste Energie der Landschaft an.
Ebenso ist ein mit Efeu bewachsenes Haus fast immer im Vorteil gegenüber einem, an dem nur wenig
Grünes wächst.

Bäume können im städtischen Feng-Shui gut oder
auch schlecht sein. Einem Haus an einer Straße helfen sie, verschmutzte Luft, Lärm und schlechtes Ch'i

des vorbeifahrenden Verkehrs abzuwehren. Besonders zum Westen hin schirmen sie die schlimmste Sommerhitze ab. Doch wenn sie zu nahe an einem Eingang stehen, können Bäume den Fluß des einströmenden Ch'i unterbrechen sowie das vorbeigehender Leute hemmen.

Auf Grund ihrer Verbindung mit dem Fluß von Ch'i werden Bäume oft als Omen betrachtet. Tatsächlich wird mancherorts der Ausschluß Taiwans aus den Vereinten Nationen mit dem Sterben einer riesigen Eiche in Verbindung gebracht, einer von zweien, die den Eingang der offiziellen Residenz dort bewachten (sie wurden passend die Zwillingseichen genannt). Mehr als ein Jahrzehnt lang machte sich der Botschafter Sorgen darüber, ohne etwas zu unternehmen, während der Baum langsam einging. Gerade als der Baum gefällt werden mußte, wurde die Botschaft aufgefordert, zugunsten der rivalisierenden Volksrepublik China ihre Tore zu schließen. Lin Yun sagt dazu: »Hätte ich das damals gewußt, hätte ich ihnen geraten, eine größere, teurere und bessere Eiche anstelle des sterbenden Baums zu pflanzen.«

Wege und Straßen

Der Feng-Shui-Zugang zu einem Haus sollte herzlich sein, nicht direkt. Ideal ist ein Zugang mit angenehmen Windungen oder zumindest eine Lage des Hauses abseits der Straße. Das Schlimmste ist bei weitem das Ende einer pfeilgeraden Sackgasse, die schnell das berüchtigte »tötende Ch'i« leitet. Die Einwohner von Häusern, die vom Ch'i gerader Straßen aufgespießt werden, können Opfer von merkwürdigen Unfällen und plötzlichen Krankheiten werden. Ihre Freunde sind unzuverlässig und insgeheim kritisch eingestellt, sie fallen ihnen in den Rükken und zeigen mit dem Finger auf sie. Solche schlimmen Standorte und ähnliche schlechte Lagen, wie zum Beispiel die rechtwinkeligen Kreuzungen von zwei gerade verlaufenden Straßen, erfahren in einer chinesischen Stadt deutliche Wertminderung. In Singapur beispielsweise brachte ein Haus am Ende einer geraden Sackgasse 50 000 Dollar, 10 000 weniger als ein praktisch identisches Nachbarhaus abseits der Straße. Ed Hung, Chefredakteur des *Hongkong Star*, hatte ein Problem mit einer Einbahnstraße, die geradlinig einen Hügel hinab auf den Eingang seines Hauses zulief. »Die Straße war schlecht«, erklärt er, »denn Scheinwerfer rasten auf unser Tor zu wie Tiger, die in der Nacht jagen.« Um sich gegen die üblen Auswirkungen des tötenden Ch'i der heranfahrenden Autos zu wehren, installierte die Familie ein Fischbassin in dem kleinen Garten zwischen der Straße und dem Haus. Lin Yun fügt hinzu, daß ein zusätzlicher Springbrunnen oder ein Wasserrad zum Anheben des Ch'i das tötende Ch'i von der Straße noch mehr zerstreut hätte.

Doch die entgegengesetzte, ableitende Wirkung kann auch das Feng-Shui eines Hauses beeinträchtigen. Sogar ein glückversprechendes Haus mitten an einem Hang kann Probleme erfahren, wenn seine Zufahrt gerade bergab von dem Eingang wegführt und somit Ch'i (und damit Geld) fortrollen läßt. Ein weiterer Auslöser von Problemen ist eine zu schmale Einfahrt, die das Einfließen von Ch'i behindert. Wesentlich besser ist eine, die zur Straße hin breiter wird, um dort wie eine Kehrschaufel Ch'i einzusammeln. John Chu, Besitzer eines Geschäfts für Innenausstattung in Hongkong, ist ein Kenner von Straßen-Feng-Shui: »Ein Bekannter von mir wohnte auf einem langgestreckten Hügel, gerade richtig, um Geld abfließen zu lassen und kaum der richtige Ort für einen Bankdirektor. Zum Schluß wurden Unterschlagungen von ihm aufgedeckt, und er nahm sich das Leben, indem er aus dem 14. Stock sprang.« Mr. Chus Geschäft liegt an einer abschüssigen Straße, doch sieht er keine ernsthafte Gefahr darin: »Wenn man sich in der Mitte befindet, kann man immer das Geld aus weiter oben gelegenen Geschäften einfangen.«

Um das Ausfließen von Geld aus einem auf einer Hügelkuppe gelegenen Haus zu mindern, schlägt Lin Yun vor, entweder den Hauseingang an eine Seite zu verlegen oder eine Veranda vor den Eingang zu bauen. Sogar die Formen und Richtungen von Einfahrten werden berücksichtigt. Eine schmal zulaufende Einfahrt in Hongkong zeigte gerade wie ein Dolch auf das Haus und bedrohte seine Einwohner. Am Ende der Einfahrt installierte die Familie ein weißes Licht, um den Ch'i-Fluß zu stabilisieren und auszugleichen. (Das Licht, gestand man im Vertrauen, könnte das Ch'i der Nachbarn stehlen und es statt dessen auf sich selbst leuchten lassen.)

Nachbarn

Häuser in der Nähe können, wie Hügel oder Wasser, Feng-Shui ernsthaft beeinflussen. Glückliche Nachbarn sind natürlich immer ein gutes Zeichen, doch wird ein Feng-Shui-Fachmann versuchen, auch die besten von ihnen zu überprüfen. Doch können dichtbesiedelte Vorortnachbarschaften auch Probleme bescheren, wie Lin Yun erläutert:

Wenn Menschen die glückbringende Lage eines Hauses mit gutem Feng-Shui entdecken, strömen sie dorthin, um ihre eigenen Häuser zu bauen. Mit dem Entstehen weiterer Häuser beeinflussen sich die Bauten gegenseitig – ein Haus mag viel höher oder größer als ein anderes sein, ein weiteres könnte den Sonneneinfall oder die Sicht des Nachbarn beschränken. Während sich die Umgebung des ursprünglichen Hauses verändert, verliert es seinen Frieden und seine Geborgenheit. Es gerät aus dem Gleichgewicht, und seine Bewohner werden möglicherweise leiden.

Die Formen von benachbarten Häusern stellen oftmals Probleme dar. Ein reicher Chinese in Hongkong, ein »Selfmademan« mit enormen Kapitalanlagen – auch in den USA –, regte sich darüber auf, daß eine amerikanische Familie ein Haus direkt vor seiner Villa bauen ließ. Sofort wurden Feng-Shui-Argumente angeführt. Obwohl das neue Haus einen Teil seiner Sicht des Hafens von Hongkong und dessen geldgebender Kraft blockierte, war der größte Stein des Anstoßes der neue Kamin. Dieser sei, wie er behauptete, ein Nagel, der in seine sargförmige Einfahrt gehämmert würde und seinen finanziellen Ruin zur Folge hätte. Man bemühte sich um Lösungen. Er versuchte ohne Erfolg, das neue Haus zu kaufen. Die amerikanische Familie ließ sich sogar von einem Feng-Shui-Fachmann beraten und bot an, den Kamin zu verrücken, doch auch das brachte keine Ruhe. »Man hätte gedacht, daß er die Form seiner Einfahrt ändern würde«, meinte der neue Nachbar. Doch, wie sich herausstellte, suchte er nur einen Sündenbock. »Sein Sohn sagte, wir sollten uns keine Sorgen machen. Der Alte hätte sich lediglich geschäftlich übernommen und brauchte nun eine Ausrede für seinen Rückschlag.«

Das Nachbarschaftsproblem stellte sich auch für einen Jockey in Hongkong, der keine Rennen mehr gewann, nachdem er ein neues Haus bezogen hatte. Die Frau eines Pferdebesitzers, eine Anhängerin von Feng-Shui, schickte ihm ihren Feng-Shui-Berater. Direkt über dem Grundstück bemerkte dieser ein sehr modernes Haus, ein weißer Bau mit braunem Glas rundherum. Seiner Meinung nach ähnelte es einem Frosch mit geöffnetem Maul – ein furchtbares Omen. Der Feng-Shui-Mann hing einen Spiegel auf, um die schlechten Schwingungen zu reflektieren, und bei den nächsten Rennen schaffte der Jockey zwei Siege.

Die Allzwecklösung

Spiegel sind das Allheilmittel des Feng-Shui. Ob das Problem schwaches Ch'i ist oder zuviel Ch'i, garstige Nachbarn, ein unförmiger Raum, ein bedrohliches Hochhaus, übelgesinnte Geister oder die berüchtigte pfeilartige Straße, die Lösung besteht oft nur aus der polierten Unterseite eines Wok oder einem Stück reflektierenden Glas.

Der mystische Hang zu Spiegeln ist tief in der chinesischen Geschichte verwurzelt. Auf dem Brustpanzer oder Schild des feudalen Kriegers getragen, waren Spiegel Schutz gegen Feinde und Dämonen. In und vor dem Haus aufgehängt, hielten sie bedrohliche Geister fern. Chinesische Archäologen haben Hunderte von Spiegeln in uralten Kaisergräbern entdeckt. Während der Chou-Dynastie (1122–256 v. Chr.) hieß es, daß Bronzespiegel nicht nur Gesichter oder Dinge widergaben, sondern viel mehr: »Die Brillanz des Spiegels stellte das kombinierte Licht von Sonne und Mond dar, übermittelte die Absicht der Kräfte der Erde unten und der Geister des Himmels oben.«[2]

Die Anwendungen von Spiegeln sind heute prosaischer Natur. In chinesischen Gemeinden in ganz Asien und der Welt sind sie Allzwecklösungen für ein großes Spektrum von Feng-Shui-Übeln. Ihre Anwendung ist meist defensiver Art, jedermanns Lösung gegen leicht erkennbare bedrohliche Kräfte. In Polizeidienststellen werden sie oft aufgehängt, um vor Korruption zu schützen. Für den Experten besitzen sie jedoch auch schwer deutbare Wirkungen, und Lin Yun hängt Spiegel auf, um schlecht gestaltete Räume auszugleichen und sogar, um positives Ch'i anzuziehen. Die meisten Leute beginnen aber mit Versuch und Irrtum.

Im Notfall läßt sich alles einsetzen, was irgendwie glänzt. Der überall auffindbare *Ba-gua*, ein kleiner, runder in Holz eingelassener Spiegel, ist in einfacher Ausführung erhältlich (nur mit I Ging-Trigrammen versehen) oder in raffinierter (Trigramme und ein drohender Kriegergott). Woks werden immer gern genommen und funktionieren offenbar auch dann noch, wenn sie völlig verrostet sind. Abgebrochene Teile eines alten Medizinschranks eignen sich zwar nicht gerade zum Vorzeigen, aber oftmals tun sie es auch.

Da sie die Kräfte der Reflektionen kennen, sind die Leute sehr erbost, wenn Unheil absichtlich in ihre Richtung gesendet wird. Das Ergebnis sind Spiegel-Kriege, und mancher von ihnen ging fast bis vors Gericht. Eine Geschichte beginnt mit einer Familie in Hongkong, deren Haus einen Feng-Shui-Mangel aufwies. Als Lösung wurde ihr zu einem Spiegel geraten, aus dem zwei bedrohliche Stachel herausragten. Dieser Spiegel war jedoch auf eine benachbarte Villa gerichtet, deren Besitzer anscheinend selbst ausreichend böse Geister hatten. Sie rächten sich, indem sie einen größeren Spiegel mit drei Stacheln aufhängten. Es wurde ein jahrelanger Kampf, bei dem jede Seite mehr und mehr Spiegel anbrachte. Die Frage wurde letztlich von der Polizei entschieden, die das Schlachtfeld zur Gefahr für den nächtlichen Straßenverkehr erklärte und die Entfernung sämtlicher »Waffen« anordnete.

Das letzte Mittel

Wenn überhaupt nichts funktioniert – oft deshalb, weil Bebauung jede Möglichkeit einer natürlichen Harmonie vernichtet hat –, kann sogar der phantasievollste Feng-Shui-Fachmann aufgeben und nur noch empfehlen, umzuziehen.

Lin Yun ist jedoch nicht traditionell ausgerichtet. Sein mystisches Schwarzhut-Feng-Shui hat seiner Meinung nach sogar Lösungen für die hoffnungslosesten Fälle hervorgebracht. Diese »geheimen rituellen Praktiken« sind mystische Methoden der Manipulierung und Korrektur von Feng-Shui. Den traditionellen Feng-Shui-Experten unbekannt, folgen diese Lösungen einem transzendentalen, irrationalen und unbewußten Heilungsprozeß, genannt *Chushr* oder das, was sich außerhalb unserer Erfahrung oder unseres Wissens befindet. Ob Chu-shr zufällig einen Sinn ergibt oder nicht, viele Chinesen schwören darauf.

Soweit man es als Laie verstehen kann, stützt sich Chu-shr auf drei Grundtechniken:

1. Die »Ch'i verbindende Methode« verknüpft Ch'i, das zu weit vom Haus entfernt ist oder zu tief unter der Erdoberfläche liegt. Eine einfache Variante davon ist, einen hohlen Pfahl mit einer Leuchte darauf in die Erde zu stecken, um Ch'i emporsteigen zu lassen.

2. Die »Ch'i ausgleichende Methode« bringt das Umfeld in Harmonie mit sich selbst und seiner Umwelt. Wenn beispielsweise ein Haus eine mißlungene Form hat, kann ein landschaftli-

ches oder architektonisches Element hinzuge-
fügt werden, um Ausgewogenheit herzustellen.
3. Die »Ch'i hervorbringenden Methoden« können den Ch'i-Fluß verstärken oder modifizieren. Sie können schwaches oder stagnierendes
Ch'i umwälzen und aktivieren und es mit einem hellen Licht, einem Springbrunnen oder
einem sprudelnden Fischbassin durch das
Haus zirkulieren lassen. Starkes und gefährli-
ches Ch'i kann mit beweglichen, klingenden
Gegenständen wie Windmühlen, Windspielen
und Glöckchen zerstreut werden.[3]

Grundstücke

Der Feng-Shui-Fachmann analysiert jedes Grundstück individuell. In Stadtgebieten gibt es wegen der
dortigen Enge manchmal nur unförmige Grundstücke, deren Form das Ergebnis von stümperhafter
Planung oder natürlichen Begrenzungen wie Flüssen oder Hügeln ist. In solchen Fällen können Feng-
Shui-Fachleute die asymmetrischen Winkel und un-
günstigen Formen ausgleichen.

Am besten sind quadratische oder rechteckige Formen. Die Südseite sollte offen sein, um die Sonne
hereinzulassen und das Haus zu wärmen. Wenn das
Grundstück groß ist, kann der hintere Teil leicht
erhöht sein. Ist der Garten jedoch klein, dann ist es
besser, wenn das Grundstück eben ist. (Eine Neigung würde das Ch'i zu schnell bergab rollen lassen,
wie eine Flut, welche die Familie umwirft und Ge-

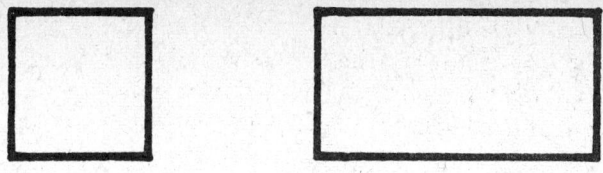

Gute Grundstücksformen

sundheit, gesellschaftliches Ansehen und Geld davonspült.)

Beim Einschätzen von ausgefallenen Grundstücksformen, sagt Lin Yun, muß ein Feng-Shui-Fachmann seine intuitiven Talente anwenden, eine ausgeprägte Phantasie, gesunden Menschenverstand und psychische Kenntnisse, mit anderen Worten, Chu-shr-Feng-Shui. »Ich betrachte Grundstücke aus allen Winkeln, stelle fest, ob sie hoch oder niedrig sind, lang oder kurz, eckig oder rund, um erkennen zu können, welcher Form sie ähneln, sei es ein Fisch, ein Tier oder ein Objekt. Dann füge ich etwas hinzu, um sie zu einem vitalen Organismus hin zu aktivieren, der gutes, flüssiges Ch'i pumpt.« In einem Fall schlug er vor, einen Springbrunnen anzulegen, um ein ungeschickt verwinkeltes Stück Land wie ein Wind- oder Wasserrad wirken zu lassen, das dauernd Ch'i bewegt. Ein häufiger Vorschlag von ihm bei abfallendem Land ist, es mit einem hohlen Laternenpfahl auszugleichen, dessen Licht auch zusätzliches Ch'i anlockt.

Ausgefallene Grundstücksformen verlangen manchmal noch ausgefallenere Lösungen. In Taipei beispielsweise erlebten fünf aufeinanderfolgende Besitzer eines hakenförmigen Grundstücks Geldverluste

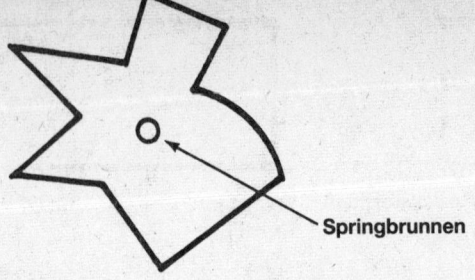

Springbrunnen

Unregelmäßig geformtes Grundstück: Man installiert einen Springbrunnen, um ein Wind- oder Wasserrad nachzuahmen.

und Geschäftspleiten. Der Standort wurde verständlicherweise bekannt für sein schlechtes Feng-Shui. Die nächsten Besitzer, die ein Restaurant eröffnen wollten, riefen Lin Yun hinzu, der aus dem Land ein Glückssymbol machte. Er riet dazu, einen hohlen, roten Pfahl mit einer Leuchte darauf auf das schmale Ende des Grundstücks und zwei rote Pfähle an den eingerückten Eingang zu stellen, die, unter anderem, den Zugang erweiterten. Und schon war daraus ein Skorpion mit einem Stachel geworden. (Chinesische Vorstellungen unterscheiden sich manchmal ausdrücklich von westlichen. Fledermäuse werden zum Beispiel als Glücksbringer betrachtet. Der Skorpion ist gut für ein Restaurant oder ein Geschäft, da er seine Opfer aggressiv verfolgt und die Besitzer somit viel Umsatz einfangen können.) Lin Yun schlug vor, die Ähnlichkeit weiter zu vervollständigen, indem man zwei Pekingenten – Skorpionscheren – an der Einfahrt anbrächte. Heute ist das Restaurant ein beliebter Treffpunkt Taipeis, und die Besitzer planen ein ähnliches in San Francisco.

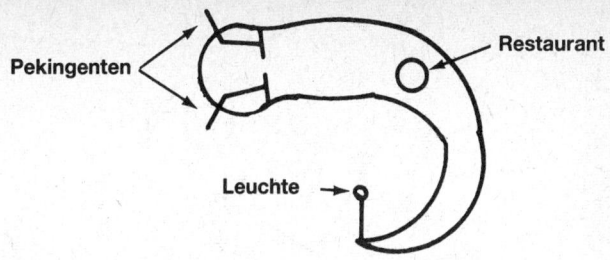

Skorpionförmiges Grundstück für Restaurants.

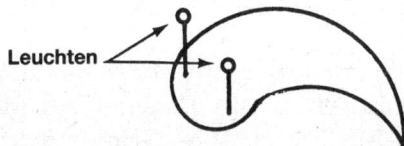

Krabbenförmiges Grundstück: Rote Laternenpfähle sind schlecht, da Rot die Farbe gekochter Krabben ist. Grün als Farbe lebender Krabben ist gut.

In einem weiteren Fall wandelte Lin Yun ein kommaförmiges Stück Land in die Darstellung einer Krabbe um, indem er den Besitzern riet, zwei hohle grüne Laternenpfähle am breiteren Ende aufzustellen. Die Besitzer hatten Erfolg. Später strichen sie jedoch die Pfähle leuchtend rot an, was üblicherweise für Chinesen Glück bedeutet, doch in diesem Fall verloren sie Geld. Also konsultierten sie erneut Lin Yun. Das Problem war das Rot der Laternenpfähle. »Sie sollten Grün sein – Rot ist die Farbe gegarter Krabben.« Also wurden die Pfähle wieder grün gestrichen, und das Problem war behoben.
Sogar sonst günstige rechteckige Grundstücke kön-

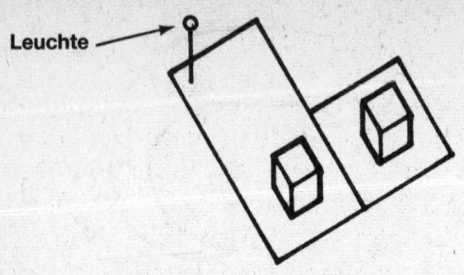

Unausgewogenes Grundstück: Wenn das Grundstück zu lang ist, gleicht man es mit einer Leuchte aus.

nen manchmal mit Feng-Shui-Problemen behaftet sein. In Taiwan lebte zum Beispiel ein Mr. Chou neben einem Mr. T'ang. Ihre Grundstücke waren sich spiegelbildlich gleich. Eines Tages kaufte Mr. Chou ein Nachbargrundstück, was sein ursprüngliches Grundstück verlängerte, aber die Proportionen aus dem Gleichgewicht brachte: Die Gartenfläche war zu lang. Als das Geschäft des Mr. Chou nachließ, rief er Lin Yun hinzu. Dieser schlug einen hohen, roten Laternenpfahl am langen Ende des Grundstücks vor, und der hatte alsbald die gewünschte Wirkung. Als ihm der Erfolg seines Nachbarn zu Ohren kam, stellte Mr. T'ang einen ähnlichen roten Laternenpfahl hin. Doch bei Feng-Shui kann die Lösung des einen zur Katastrophe des anderen werden. Die Finanzen der T'angs verschlimmerten sich rasch. Lin Yun sagt dazu: »Die Laterne kippte das Grundstück, welches ursprünglich ausgewogen war.«

Das Feng-Shui-Haus

Mit der lobenswerten Ausnahme von buddhistischen und taoistischen Tempeln wird nur bei wenigen modernen Bauten alles unternommen, um die uralten Feng-Shui-Ideale zu erreichen. Angefangen bei den Grundmauern war das traditionelle chinesische Haus ein Universum in sich. Die Holzbalken entsprangen einem Fundament aus gestampfter Erde und schufen so die symbolische Verbindung zwischen Himmel und Erde. Mitten zwischen den hohen Mauern stellte der Atriumgarten die gesamte Natur als Mikrokosmos dar. Und das umgebende Gebäude selbst spiegelte die heilvollsten Feng-Shui-Anordnungen wider: den U-förmigen, Drachen-Schildkröte-Tiger-»Lehnstuhl«-Hügel, der nach Süden blickte und die Mitte schützte.

Das Ideal des Gartens war eminent wichtig und zugleich einfach: Ungeachtet dessen, ob sich ein Haus in einer idyllischen Landschaft befand oder nicht, mußten seine Bewohner nie auf die Verbindung zum elementaren Universum verzichten. Die Natur wurde zum integralen Bestandteil des Anwesens gemacht, war immer nur einen kurzen Gang über den Hof oder einen Blick durch die kunstvollen Fenstergitter weit entfernt. Steine waren Berge, Fischbecken waren Ozeane, und Bonsai-Bäumchen waren natürlich alte, knorrige Bäume. Entgegen der geometrischen Regelmäßigkeit des westlichen Gartens – beispielsweise Versailles –, bei dem der Mensch bemüht war, die Natur zu kontrollieren, indem er ihr Ordnung aufzwang, waren chinesische Gartenhöfe unregelmäßig gehalten, Miniaturnachbildungen der Natur.

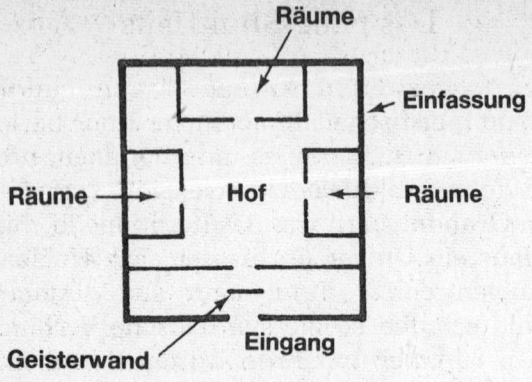

Ein traditionell chinesischer Komplex.

Die um den Gartenhof liegenden Räume verkörperten den Leitgedanken »in Yin ist Yang«. Durchdrungen von der taoistischen Weltanschauung ließ diese Gestaltung des Wohnkomplexes die Einwohner sich von den Straßen, anderen Menschen und der Welt der Arbeit abwenden, um sich mit dem Ideal der einfachen Natur zu befassen. (Die Anordnung begünstigte zudem ein ständiges Einfließen von Ch'i sowie ausgezeichnete Belüftung.) Der Gegensatz von formeller Architektur, die ungebändigte Natur umgab, war eine Freude und kein Problem. Im Laufe von mehr als dreißig Jahrhunderten haben sich natürlich Elemente regelrechten Aberglaubens in die chinesische Gestaltung eingeschlichen. Manche Chinesen betrachteten die Gitterwand innerhalb des Eingangs als einen Schutzschild vor bösen Geistern oder Dämonen. Es hieß, daß Dämonen nur in geraden Bahnen fliegen, also würden solche Wände sie abhalten. Oft schmückte ein Yin-Yang-Symbol diese Abschirmung als zusätzliche Abwehr. Ein mit den acht Trigrammen des I Ging *(Ba-gua)* verzierter Spiegel konnte an der Wand angebracht werden oder über dem Eingang, so daß der Dämon beim Angreifen seinem eigenen wütenden Gesicht begegnen würde, was ihn vermutlich vor Angst fliehen lassen würde. Gemalte Darstellungen, zum Beispiel von kriegerischen Göttern, wurden am Eingang angebracht, um Eindringlinge abzuschrecken.

Der Ursprung der traditionellen chinesischen Dachform der nach oben gebogenen Enden ist unklar. Manche meinen, sie stamme von nomadischen Zelten ab, andere dagegen, sie sei eine Nachempfindung sich ausbreitender Äste oder des Schriftzeichens für »Baum«. Wieder andere Stimmen behaupten, die Form sei aus rein ästhetischen Gründen entstanden. Weniger akademische Quellen beharren jedoch darauf, daß die Dächer so gestaltet sind, um Teufel fernzuhalten. Wenn ein Teufel vom Himmel fiel oder sprang, sollte er das Dach hinabrutschen und von dem hochgerichteten Ende wieder in die Höhe geschleudert werden. Fiel er dann erneut herab, so sollten die nach oben zeigenden, spitzen Enden ihn aufspießen. Doch welche Erklärung auch immer zutreffend sein mag, die geschwungenen Formen der Dächer dienen auch einem praktischen Zweck. Ihre Enden lassen maximale Wintersonne ins Haus hinein, halten aber die Sommersonne weitgehend ab. (Dächer in Südchina sind spitzer, um die Hitze der Sonne abzuhalten, und solche im Norden sind flacher, um den Wind ungehindert darüber wehen zu lassen.)

Praktische Erwägungen waren tatsächlich grundlegend für vieles an traditioneller chinesischer Gestaltung. Über Tausende von Jahren hinweg arrangierten die Chinesen ihre Gebäude in solcher Weise, daß die Kräfte der Natur dem Wohle der Menschen dienten. Neben den präzise berechneten Dächern wurden windabschirmende Wände und Erdmassen eingesetzt, um Wärme und Kälte zu regulieren. Antike Paläste besaßen Kühlsysteme, bei denen Wasser zwischen doppelten Wänden herabfloß. Und Ch'i wurde selbstverständlich mit Wänden, Mauern, versetzten Fenstern und labyrinthartig angeordneten Türen genauestens kontrolliert. Auch heute noch fühlen sich viele Chinesen unwohl, wenn drei oder mehr Fenster oder Türen in einer Flucht angebracht sind. Der Ch'i-Fluß, sagen sie, ist dann zu stark.

Moderne Hausformen

Moderne Architektur und Lebensführung haben natürlich die traditionelle chinesische Hausgestaltung weitgehend überholt. Die Aufgabe des heutigen Feng-Shui-Fachmannes ist es daher, althergebrachte Harmonie und Integrität zu schaffen oder wiederherzustellen, üblicherweise in einem konventionellen Rahmen des 20. Jahrhunderts. Viele Hausgrundrisse bieten sich an, doch sind manche deutlich vorteilhafter als andere.

Wie bei Grundstücken sind die besten Hausformen die regelmäßigen: rechteckig, quadratisch oder sogar rund. Ein kleiner Hof am Eingang oder innenliegend oder auch ein Kamin läßt Ch'i das Haus durch-

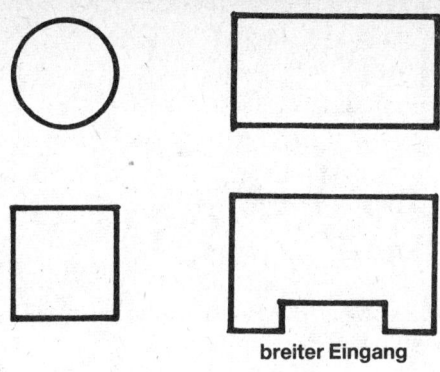

breiter Eingang

Gute Grundformen für Häuser.

ziehen. Vorausgesetzt, daß der Standort keine ernst-
haften Probleme bereitet, wird ein solcher Bau
überaus geeignet sein, um darin ein solides Einkom-
men zu erarbeiten und ein gesichertes Leben zu führen.

Jede der praktisch unzähligen asymmetrischen oder
unregelmäßigen Grundrißformen kann Schwierigkeiten heraufbeschwören. Es kann sich dabei um
etwas Unscheinbares handeln: Ein kleingeratener
Flur am Eingang oder eine »Nase«, die aus der Hausfront ragt, kann das Einfließen von Ch'i drosseln
und somit Geldprobleme auslösen. Eine pfeilartige,
spitz zulaufende Ecke kann die Einwohner gefährden und als Ausgleich ein Wasserbecken, einen Garten oder andere Zusätze benötigen. In einem größeren Maßstab kann jede unausgewogene Form Probleme hervorrufen, wobei diverse L- und U-förmige
Anordnungen wohl am schlimmsten sind.

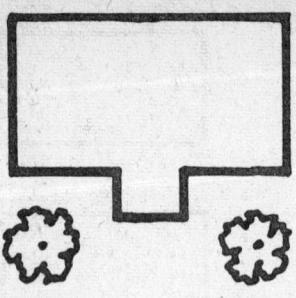

»Kleinnäsiges« Haus: Wenn die Hausfront zu klein ist, pflanzt man Sträucher oder Stauden an.

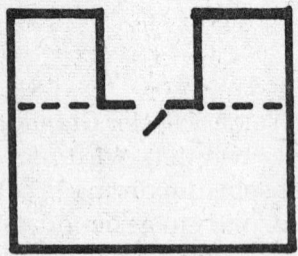

U-förmiges Haus: Räume für Gäste oder für Geldspiele gehören in die Flügel.

In unförmigen Häusern entscheidet oftmals die Plazierung der verschiedenen Räume über das Schicksal der Bewohner. Für Feng-Shui-Fachleute ist die Lage des Schlafzimmers am wichtigsten, da Menschen dort mindestens ein Drittel ihres Lebens verbringen, sowie die der Küche, wo die Nahrung vorbereitet wird, die auf die Gesundheit und somit indirekt auf das Vermögen einwirkt. Wenn beispielsweise bei einem U-förmigen Haus der Eingang im

128

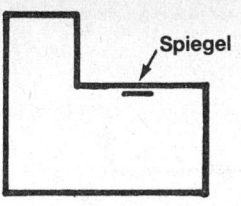

Stiefelförmiges Haus: Das Schlafzimmer sollte nicht an der »Sohle« liegen, oder man bringt einen Spiegel an, um das auszugleichen.

eingezogenen Teil liegt und die Küche dahinter, dann ißt die Familie, und besonders der Mann, meistens außer Haus und bleibt den ganzen Tag weg. Ein ähnlich plaziertes Schlafzimmer würde auch eine »gefährliche Situation« darstellen: Der Mann fühlt sich, als würde er draußen schlafen, und es könnte tatsächlich so weit kommen, daß er seine Nächte anderswo verbringt, symbolisch von dem Haus und der Familie ausgeschlossen. Weitere Nebeneffekte könnten chronische Kopfschmerzen und Operationen sein, wie auch berufliche Enttäuschung, häufiger Arbeitswechsel oder sogar Entlassung. Um eine solche Situation zu beheben, empfiehlt Lin Yun die Errichtung einer Wand oder Mauer, die das Rechteck vervollständigt und ganz erscheinen läßt.

Bei der schuhartigen Variante L-förmiger Häuser könnte ein Schlafzimmer im Sohlenbereich das Glück der Familie »stolpern« lassen, oder die Bewohner könnten sich »niedergetreten« fühlen, was zu Kopfschmerzen führt. Wesentlich besser ist der »Gelenkbereich«, das Zusammenkommen von Kraft

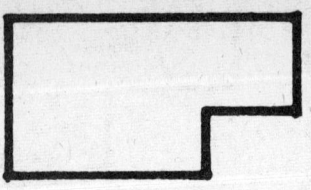

Haus in Hackmesser-Form: Das Schlafzimmer sollte nicht an der Klinge sein, sondern im Griff.

und Energie. Bei stiefelförmigen Häusern empfiehlt Lin Yun Ausgleich: »Im Bereich der Ferse sollte man Blumen oder Schlingpflanzen einsetzen, damit das Haus nie ganz ›auftritt‹ und sein Gewicht nicht schwer auf dem Besitzer wiegt.« Dies verhindert auch, daß die ganze Familie im Leben Schwierigkeiten haben wird. Eine weitere Lösung wäre, ein Wasserbecken, einen Springbrunnen oder künstlichen Fluß anzulegen, um das L auszufüllen und das Haus vollständig erscheinen zu lassen. In jedem L- oder U-förmigen Haus können die Unausgewogenheiten behoben werden, indem man drinnen Spiegel anbringt, um den abgetrennten Wind zu reflektieren und ihn so in den Hauptteil des Hauses zieht.

Der vielleicht gefährlichste Grundriß für ein Haus ist der in Form eines Hackmessers, und dies besonders dann, wenn das Schlafzimmer an der »Klinge« liegt.

Immer »auf Messers Schneide« zu sein, kann den Bewohner sogar für tödliche Krankheiten anfällig machen oder den Verlust von Geld oder seiner Stellung verursachen. In solchen Fällen empfiehlt Lin Yun, das Schlafzimmer in den Bereich des Griffs zu verlegen, dem kontrollierenden Teil und Sitz der Kraft, um dynamisch erfolgreich zu werden.

[1] Arthur Waley, *Translations from the Chinese* (New York: Alfred A. Knopf, 1941), S. 79.
[2] Florence Ayscough, *A Chinese Mirror* (Boston: Houghton Mifflin, 1925), S. 9.
[3] Joseph M. Backus, »Lin Yun, Geomancer«, *The American Dowser* 19, Nr. 3 (August 1979), S. 118–119.

5

Städtisches Feng-Shui

Im finanziell und industriell fortgeschrittenen Hong-kong, einer Stadt, in der man vielleicht mehr als in jeder anderen auf das Ansammeln von Vermögen fixiert ist, lassen die Leute immer noch ihre Geschäfts- und Wohnräume von Feng-Shui-Fachleuten rituell arrangieren und segnen. Feng-Shui hat sich sogar in den westlich orientierten Teilen der Stadt ausgebreitet. Eine Immobilienanzeige in einer englischsprachigen Zeitung Hongkongs rühmte nicht nur neu fertiggestellte Luxuswohnungen mit Balkons, welche das Südchinesische Meer überblickten, sondern versprach dabei zusätzlich »exzellentes Feng-Shui«.

Um städtisches Feng-Shui zu verstehen, muß man erst die Anfänge einer Stadt betrachten. Das städtische Feng-Shui entsprang wahrscheinlich den ländlichen Praktiken und wurde in der Handhabung der kaiserlichen Hofweissager raffinierter. Wenn sie Städte planten, berücksichtigten sie die umliegenden Naturformen und Ausrichtungen sowie die Verheißungen eines Standortes.

Das war ein langer Prozeß, der mit der seherischen Untersuchung des Standortes begann. In dem uralten *Buch der Gesänge* sprechen einige Gedichte

von der Beachtung des Feng-Shui, darunter eines
über den legendären Gründer der Chou-Dynastie,
König Wu.

Omen nahm er, unser König,
vor dem Bau der Hauptstadt zu Hao:
Die Schildkröte wies es an,
König Wu vervollkommnete es.
O glorreicher König Wu.[1]

Die praktischen Überlegungen waren bei der Bestimmung eines Standortes wichtig. In einem Gedicht, das eine Stadt im 1. Jahrhundert n. Chr. beschreibt, heißt es, daß eine günstige Landschaft
Macht und gutes Gelingen herbeiführt.

In der Fülle der blühenden Pflanzen und Früchte
ist sie die fruchtbarste der neun Provinzen.
In natürlichen Barrieren für Schutz und
Verteidigung
ist sie die uneinnehmbarste Zuflucht im Himmel
und auf Erden.
Deshalb verbreitete sich ihr Einfluß in sechs
Richtungen,
deshalb wurde sie dreimal der Sitz der Macht.[2]

Nachdem die Chinesen einen Standort gewählt hatten, ordneten sie die Form und Hierarchie der Stadt.
Mit einem symbolischen Zeichensystem verbanden
sie die Stadtplanung mit anderen kulturellen Bereichen: Politik, Astrologie, Religion und Kunst. Besondere Aufmerksamkeit wurde den Hauptstädten
geschenkt, da man davon ausging, daß das Wohl-

ergehen der Nation und der Erfolg des Kaisers von der korrekten Ausrichtung nach den kraftvollsten Elementen des Universums abhing. Also wurden die Pläne der Hauptstadt und des Palastes starken natürlichen Erscheinungen und Sternenbahnen entsprechend ausgelegt. Da der Kaiser als Mittler zwischen Himmel und Erde galt, war es für die Chinesen von entscheidender Bedeutung, daß er sich an der Nabe befinde, nicht nur der Hauptstadt, sondern auch Chinas, dem Reich der Mitte, und des Universums selbst. Sein Thron stand dort, »wo sich Himmel und Erde treffen, wo die vier Jahreszeiten zusammenfließen, wo Wind und Regen eingeholt werden und Yin und Yang im Einklang sind«.

Die Formgebung einer Stadt ist für ihr Feng-Shui von größter Wichtigkeit. Zwei Formen der Stadtgestaltung gingen aus Feng-Shui hervor: Die eine zieht Kraft aus den natürlichen Formen der Umgebung, die andere aus symbolischen Formen.

Hangchow beispielsweise, die südliche Sung-Hauptstadt Chinas, harmonisierte mit der Landschaft und glich sich den Konturen der Gewässer und Berge an. Ihre Formgebung spiegelt ländliche Einflüsse wider und entspricht natürlichen Kräften (Gefahren). Hangchow, das bis zur Han-Dynastie (206 v. Chr. bis 220 n. Chr.) zurückgeht, war eine Stadt, die regelmäßig von Überschwemmungen bedroht wurde. Sie war um eine den Gezeiten ausgesetzte Flußmündung herum gebaut, die zum Westsee wurde, und daher besonders bei den Tagundnachtgleichen von Springfluten bedroht. In dem Bemühen, die Fluten einzudämmen, verbesserten Stadtverwalter, darunter die beiden berühmten Dichter Po Chü-i und Su

Tung-po, das Stadtbild sowie sein Feng-Shui durch die Errichtung von zwei der Landschaft angepaßten Deichen.

Symbolische Formen waren bei größeren Städten vorherrschend. Laut einer Legende gab es während der Ming-Dynastie einen Plan, die Verbotene Stadt Pekings, wo der Kaiser seit dem 12. Jahrhundert residierte, in Menschenform anzulegen, wobei bedeutende Gebäude und Hallen an die Stellen der lebenswichtigen Organe gesetzt werden sollten.

Seit der Chou-Dynastie (1122–256 v. Chr.) bauten die Chinesen ihre Städte, und besonders Hauptstädte, quadratisch in Nachahmung ihrer Vorstellung der Welt, die sie für quadratisch hielten. Diese geometrischen Städte waren im allgemeinen mit einem Raster von Straßen versehen, die von Nord nach Süd und Ost nach West verliefen und besonders ausgeprägte Mittelachsen besaßen. Das präzise geometrische Muster von Peking empfand Marco Polo, der venezianische Weltreisende, als ein »Schachbrett«. Jahrhunderte bevor Peking eine Stadt war, bauten die Chinesen Chang-an, die erste chinesische Hauptstadt (ca. 200 v. Chr.) entlang einer Nord-Süd-Achse. Chang-an, das moderne Sian, war eine Art Prototyp für spätere chinesische Städte. (Tatsächlich war es derartig heilversprechend entworfen worden, daß die Japaner zwei ihrer frühen Kaiserstädte, Nara und Kyoto, den gleichen Richtlinien entsprechend bauten.) Während der Zeit von Chang-an wurden diverse Aspekte des städtischen Feng-Shui etabliert und traditionell. Im Norden der Stadt befand sich der Markt, im Süden der Palast. Im Zentrum stand der Glockenturm, der einige Male verrückt wurde, als die Stadt wuchs oder wieder schrumpfte. Regierungsgebäude und Tempel erhielten besonders vorteilhafte Standorte.

Mauern waren integrale Bestandteile des Feng-Shui einer Stadt. Südlich der Chinesischen Mauer gab es viele weitere Mauern. Tausende von Meilen von ihnen umgaben Farmen, Tempel, Wohnhäuser und Städte. Mauern dienten der Verteidigung sowie der Einfriedung einer Stadt und wurden errichtet, um Barbaren, schneidende Winde und übelgesinnte Geister abzuwehren. Während der Ch'ing-Dynastie beantragten Europäer einmal die Öffnung der Südmauer Pekings als Durchlaß für die Peking-Hankow-Bahn. Die Chinesen sträubten sich dagegen mit der Behauptung, Peking habe die Form eines Drachen und das zentrale Südtor sei sein Maul, die flankierenden Tore seine Augen. Nachdem sich die Bahnbefürworter hatten durchsetzen können, warnten die Verlierer, daß der Drache nun verwundet wäre und das Geld der Stadt (Drachenblut) hinaussickern würde.

Berge waren ein weiteres wichtiges Element des städtischen Feng-Shui. Sie waren riesige Erdschilde, die Städte vor den Stürmen und Barbaren schützten, die aus dem Norden kamen. Zeitweise wurden Berge sogar künstlich erstellt. Das war der Fall beim Coal Hill, einem 100 Meter hohen künstlichen Berg unmittelbar nördlich von Peking. Die Geschichte des Coal Hill läßt sich bis ins 13. Jahrhundert zurückverfolgen, der Zeit, als der Mongolenführer Genghis Khan geboren wurde. Chinesische Geomanten hatten vorausgesagt, daß ein Hügel im Norden eine »königmachende Lebenskraft« besaß, die sie letztendlich vernichten würde. Um dieser Bedrohung zuvorzukommen, überhäuften sie die nördlichen Mongolen mit Geschenken dafür, daß sie es ihnen gestatteten, den Hügel abzutragen und seine Erde in den Süden nach Peking zu transportieren, wo sie wieder zu einem Hügel aufgehäuft wurde. Kurz nachdem die Chinesen dieses aufwendige Unternehmen abgeschlossen hatten, eine Verschwendung von Geld und Arbeitskräften, griffen die Mongolen an, etablierten ihre eigene Hauptstadt und Dynastie.

Diese Bergschilde, die offensichtlich ländlichen Orientierungsregeln entspringen, sprechen für die fast zwanghafte Aversion der Chinesen gegen den Norden. Der Kaiser residierte in Peking, saß auf seinem Drachenthron mit dem Rücken nach Norden und beschützte China vor den unzähligen Übeln, die von dort stammten. Indem er sich dem Süden zuwandte, genoß der Kaiser auch die Vorteile von Sonne und Meer, während er sein Reich regierte. Nicht nur war diese Haltung gut für den Kaiser selbst, sondern sie bedeutete auch Glück für China. (Auf Grund der nach Süden blickenden Herrscher wurden alle chinesischen Landkarten entgegengesetzt den unseren gezeichnet, so daß der Süden oben und der Norden unten war.)

Bei der Planung einer Stadt oder Ortschaft vermieden die Chinesen möglichst flache, konturlose Ebenen, wo Winde und Überschwemmungen die Straßen durchziehen könnten. Als englische, französische und deutsche »fremde Teufel« chinesischen Boden besetzten und Handelsstationen verlangten, verneigten sich der chinesische Kaiser und seine

Gouverneure und gaben ihnen – vielleicht mit einem wissenden Lächeln – die Niederungen von Schanghai, Tientsin und Hankow, die nicht rein zufällig mit dem schlechtesten Feng-Shui behaftet und von üblen Geistern bevölkert waren. (Zum Staunen der Chinesen verbesserten die Fremden das Feng-Shui der flachen Siedlungsgebiete durch das Errichten von hohen, bergartigen Gebäuden.)

Die Insel Hongkong selbst war bei den Chinesen verpönt. 1842, nach dem ersten Opiumkrieg, traten sie sie an die Engländer ab und rechneten damit, daß sie sich bei ihrem schlechten Feng-Shui als eine Art Trojanisches Pferd entpuppen würde. Ohne eine Spur von glückbringendem Feng-Shui und von Piraten heimgesucht, wurde die Insel »der kahle Felsen« genannt. Anfangs hatten die Engländer Probleme beim Ausbau der Insel, und statt das Feng-Shui zu verbessern, machten sie es noch schlimmer. Das Gebäude des ersten kommerziellen Handelszentrums sollte in einer Niederung gebaut werden, ironischerweise *Happy Valley* genannt, das Tal des Glücks, eine Meile von den Hafenanlagen entfernt gelegen. Dazu bauten sie Straßen, von denen die Chinesen behaupteten, sie würden die Füße des Schutzdrachen abschneiden. Die Engländer trugen Hügel ab und füllten Seen auf und löschten somit ihre Chancen auf finanziellen Erfolg aus. Das sich daraus ergebende Sumpfgebiet wurde zur Brutstätte von Malaria übertragenden Mücken. Nachdem mehrere Menschen erkrankten und starben, boykottierten die chinesischen Arbeiter das Baugelände wegen des schlechten Feng-Shui, und das Handelszentrum wurde in die glücklichere Lage mitten auf Hongkong umgesiedelt, wo es heute noch mit Bergen im Rücken und Sicht auf das Meer gedeiht.

Stadtleben

Heute werden manche ursprünglich für Besiedlung erdachte Feng-Shui-Prinzipien bewußt oder unbewußt in gewisse Stadtplanungskonzepte einbezogen. Parks, wie klein auch immer, und mit Bäumen gesäumte Straßen bringen den Anwohnern Ch'i und seine glückbringenden Auswirkungen. Wohnungen oder Büros mit Flußblick, Gärten oder Balkonen, möglichst nach Süden hin ausgerichtet, sind auch gut. (In Peking sind die Mieten für solche Wohnungen um ein Drittel höher als für solche, die nach Norden hin ausgerichtet sind.)

Als Lin Yun 1978 New York City besuchte, nahm ihn ein Freund auf einen Hubschrauber-Rundflug mit, um das Ch'i der Stadt zu überprüfen. Seine Einsichten waren nicht überraschend. Die Menschen, die um den Central Park herum wohnen, mit seinen Grasflächen, Bäumen und Wasserspeicherbecken, genießen das beste Ch'i, während die auf Roosevelt Island – »ein öder, konturloser Felsen, der von zuviel Wasser umgeben ist« – das schlechteste haben. Er sagte, daß die Menge an Ch'i, die das Gestein der Insel durchdringt, zu wenig sei und daß seine Bewohner Schwierigkeiten haben könnten, ihre beruflichen Positionen zu halten, von erfolgreichen Laufbahnen ganz zu schweigen. Er fügte hinzu, daß die Mitte von Manhattan gut wäre, aber die Vereinten Nationen im südlichen Teil der Insel unter den überwältigenden Einflüssen des riesigen Citicorp-Gebäudes stünden, was die Weltorganisation bei wichtigen Fragen nur träge handeln läßt.

Natürlich unterscheidet sich das Ch'i von Städten von dem einfacher Siedlungen und besonders vom ländlichen Ch'i. Lin Yun erklärt dazu:

> Auf dem Lande ist das Leben stabiler und ruhiger. Doch dürfen wir nicht vergessen, daß gutes ländliches Feng-Shui von gutem Erd-Ch'i abhängt: Ist das Ch'i gut, so wird das Leben reibungslos, erfolgreich und glückerfüllt sein. Mangelt es an Ch'i, so wird das Leben schwierig. Ch'i fluktuiert in der Stadt mehr als auf dem Lande. Es kann besonders gut oder ausgesprochen schlecht sein – es gibt dort ein größeres Potential für außerordentliche Ereignisse, wie in einem Monat eine Million Dollar verdienen oder sie zu verlieren oder das Opfer sinnloser, brutaler Gewalt zu werden. Die Variationen des menschlichen Schicksals und Glücks sind vielfältiger.

Auch wenn das Ch'i einer Stadt gut ist, können es viele Dinge verändern. Eine Gegend mit ausgezeichnetem, ausgewogenem Ch'i besitzt nicht unbedingt gutes Feng-Shui: Straßen, Ecken, Gebäude und andere Bauten können die Harmonie zerstören. Aus diesen Gründen sind Stadtplanung und das städtische Umfeld wichtig.

Der Standort eines Baumes, eine Flußbiegung oder die Form eines Hügels machen oft kaum einen Unterschied. Die gesamte städtische Umwelt wird nicht so sehr von natürlichen Landschaftselementen bestimmt wie von künstlichen Bauwerken. In der Stadtlandschaft ersetzen hohe Gebäude Berge, und Straßen werden so betrachtet, wie man einst Flüsse analysierte. Also richtet sich der städtische Geomant nach der Größe, Form und sogar Farbe von Wolkenkratzern, der Richtung und dem Verlauf von Überführungen und Straßen und dem Eckwinkel eines Gebäudes.

Straßenmuster spielen beispielsweise eine größere Rolle im städtischen Feng-Shui. Ein Haus, das oberhalb eines Zusammentreffens von Straßen liegt, ist günstig. Jedoch darunter zu wohnen, wo die Straßen wie Pfeile hinzeigen, kann so gefährlich sein wie an der Spitze einer messerartigen Straße zu leben. Der zusätzliche Verkehr schneller Autos auf Stadtstraßen ist besonders unheilvoll und destruktiv und zerstreut harmonisches Ch'i. Die Bewohner eines Gebäudes, auf das Straßenverkehr zuläuft, werden eventuell nicht nur die Opfer andauernder Stiche von starkem, tötendem Ch'i und heftigen Winden sein, sondern zusätzlich von dem Lärm von Hupen, Motoren und kreischenden Reifen bombardiert werden.

Die Ausbreitung von Glücksspielen, Drogenhandel und Prostitution in einem Gebäude in Kowloon wurde nicht polizeilicher Nachlässigkeit, sondern schlechtem Feng-Shui zur Last gelegt – Straßen, die wie eine Pfeilspitze zusammenliefen und darauf zielten, erfüllten den Bau mit einer tödlichen Atmosphäre. Die Auswirkungen davon sind oft schlimm. Ein Geschäftsmann in Hongkong erklärte: »Für mich ist es erwiesen: Es ist schlecht, eine Wohnung zu haben, auf die Straßenverkehr zuströmt. Ein

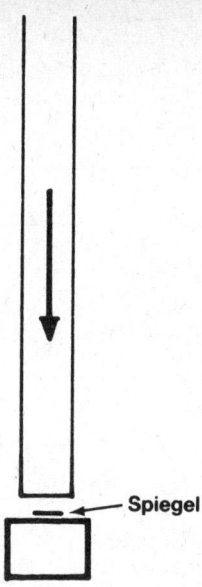

Spiegel

Messerartige Straße: Man bringt vorne am Gebäude einen Spiegel an.

Freund von mir zog in eine solche Wohnung. Sechs Monate später starb seine Freundin. Nach weiteren sechs Monaten verlor er seine Stellung. Es beeinträchtigt einfach die gesamte Lebenssphäre.«
Die Formgebung und Standorte von Regierungsgebäuden gelten noch immer als Quelle der Harmonie eines Landes oder einer Stadt. Die Chinesen führen die Erfolge und Mißerfolge von Hongkong auf die Plazierung der staatlichen Bauten und die Formen ihrer Grundstücke zurück. Den Grund für das finanzielle Wohlergehen der Kolonie sieht man in der kor-

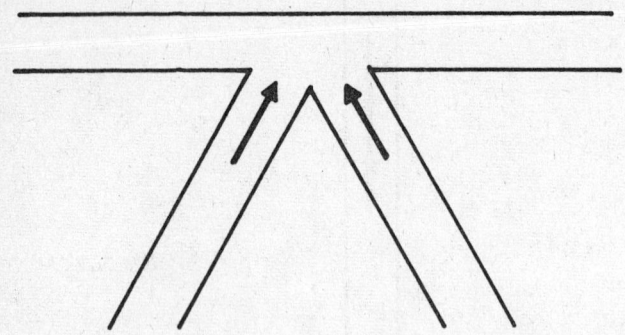

Ein schlechter Gebäude-Standort.

rekten Plazierung der Gouverneursvilla. Andererseits macht man den guten Standort des Zentralgerichtshofes für die hohe Kriminalität Hongkongs verantwortlich, die dadurch gefördert wird. Ein Stadtplaner der Regierung meint, daß Recht und Ordnung Hongkongs einen weiteren Schlag durch eine messerartige Start- und Landebahn des Flughafens erfuhr, die in den Hafen hinausragt. Einfliegende Maschinen stechen ohne Unterlaß in den Bauch eines der neun Drachen, die Kowloon beschützen. Als Lösung schlägt er vor, die unheilvolle Piste dadurch zu verkleiden, daß man das Hafenbekken zu einer ihrer Seiten auffüllt.
Die Chinesen benutzen Feng-Shui, um das Schicksal anderer Länder zu interpretieren. Beim Ausblick

vom Washington Monument, einem hohen Obelisk, merkte Lin Yun an, daß einige der Probleme amerikanischer Präsidenten sowie nationale Tragödien auf den Standort des Weißen Hauses zurückzuführen seien. Ein Präsident muß an einem glückbringenden Ort regieren, wenn das Land stark, reich und vom Glück gesegnet und der Mann selbst ein weiser Führer sein soll. Einerseits genießt der Präsident gutes Feng-Shui von den ausgeprägten Rundungen der Ellipse – dem Säulenanbau des Weißen Hauses – und dem Rasen hinter dem Haus.

Diese Rasengestaltung, bemerkt Lin Yun, repräsentiert die Nation als eine Einheit voll reibungslos fließendem Ch'i. (Eine Ellipse erinnert an die Ganzheit, das Zusammenkommen von Gegensätzen des Symbols *Tao*.) Die Probleme entstammen, laut Lin Yun, dem pfeilartigen Charakter der 16. Straße, die »tötendes« Ch'i direkt ins Herz des Eingangs der Präsidentenresidenz schießt. Der Einfluß dieser Straße, meint er, entzweit das Volk und fegt das positive oder fließende Ch'i des Bereiches weg, so daß der Präsident nicht mit allen ihm zur Verfügung stehenden Kräften regieren kann.

Die Lösung für die störende Verkehrsader wäre laut Lin Yun das Einsetzen eines Springbrunnens oder einer Windmühle, um das starke Ch'i in positiven Wellen durch Washington zu verteilen. Denkmäler, wie die für Lincoln und Jefferson, sind im allgemeinen gutes Feng-Shui und fördern das Glück der Nation, indem sie Erd-Ch'i anheben. Monumente können jedoch auch Gradmesser der Zukunft des Landes sein. Als er das Washington Monument von außen betrachtete, fielen Lin Yun die zwei Schattie-

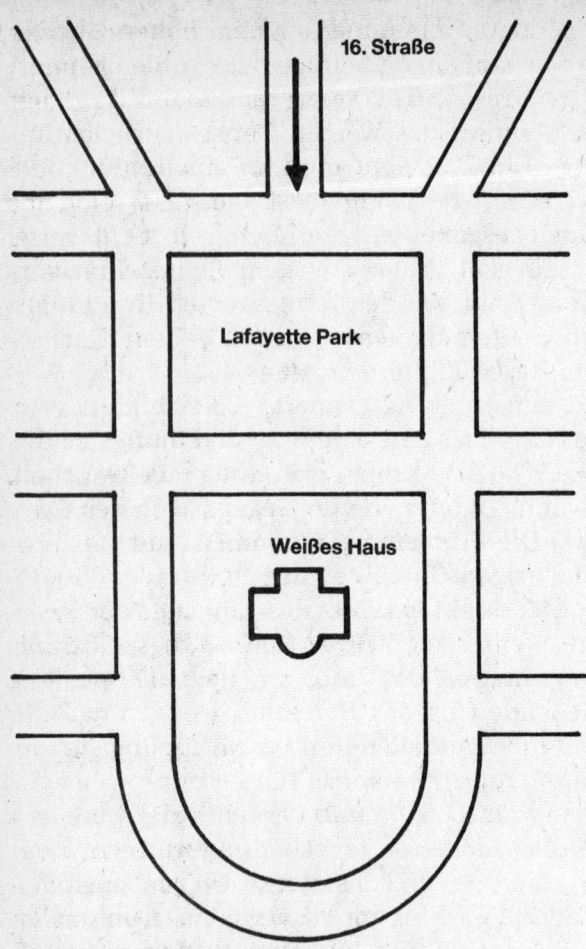

Messerartige Straße: Lageplan des Weißen Hauses.

rungen des Obelisks auf, die es wie ein nationales Thermometer erscheinen ließen, das die Zukunft des Landes anzeigt und voraussagt. Er interpretierte das Ch'i Washingtons anhand des Monuments. Die hellere Tönung des unteren Drittels der Steinnadel zeigt starkes, gesundes Ch'i an, meinte er (wobei der Blick in die Vergangenheit wohl stärkere Wirkung zeigte als der Blick in die Zukunft), was für rasche Entwicklung, Wohlstand und Macht der Vereinigten Staaten spricht. Doch steigt das Ch'i, die helle Färbung, nur bis zu einem gewissen Punkt und endet dann. Er sagte, daß die Vereinigten Staaten kürzlich eine ausgeglichene Phase eingegangen wären, den Grenzbereich zwischen der hellen und dunkleren Farbgebung. Einige weitere Jahre noch wird das Land zu stagnieren und in allen Bereichen – militärisch, wirtschaftlich sowie wissenschaftlich – fast zurückzufallen scheinen. Die Vereinigten Staaten werden irgendwann wieder Fortschritte erzielen, doch nie wieder mit der Geschwindigkeit der frühen Jahre.

Lin Yun sagt, daß Washington seine Vitalität verliert. Die Hauptstadt braucht etwas, das wieder gutes Ch'i anzieht und aktiviert. Er schlägt eine *Chushr*-Methode vor, den Bau eines schweren Monuments oder Gebäudes in der Nähe der Ellipse oder gerade außerhalb der Stadtgrenzen. Eine andere, einfachere Methode, meint er, wäre der Einsatz eines großen, hellen Lichts in der Gegend, um Ch'i zu schaffen und anzuziehen.

Die Bedeutung der Plazierung eines Regierungsgebäudes geht sogar bis zum Rathaus. Während einer Bürgermeisterwahlkampagne 1977 in New York

City wurde ein vietnamesischer Geomant gefragt, welcher Kandidat siegen würde. Nachdem er die Lage des Rathauses überprüft hatte, meinte er, daß es eigentlich keinen Unterschied mache – das Feng-Shui des Gebäudes sei dermaßen miserabel, daß, wer immer die Wahl auch gewinne, mit einer überwältigenden Vielfalt von Feng-Shui-Problemen konfrontiert werden würde. In der Situation gäbe es keinen Sieger.

Gebäudegestaltung

Viele städtische Feng-Shui-Probleme entstehen durch die Formen, Höhen und Nachbarschaften von sich nahestehenden Bauten. Im Feng-Shui einer Stadt scheint die Erde bis hin zum Mißbrauch ignoriert worden zu sein. Tatsächlich werden viele Erddrachen von dem Gewicht hoher Gebäude erdrückt und erstickt und werden dann von deren messergleichen Formen aufgespießt, während die Pfeile der Straßen ihr Fleisch durchbohren. Wasserdrachen werden umgeleitet oder eingedämmt. Daher ist die Gestaltung von Gebäuden lebenswichtig.

In Hongkong weisen die Leute auf das ultramoderne Connaught Center, in dem viele ausländische Firmen Büros unterhalten, hin, das sie als eklatantes Beispiel für mißratenes Feng-Shui bezeichnen. Als die chinesische Bevölkerung zusah, wie das mit kreisrunden Fenstern versehene Gebäude 52 Stockwerke hoch am Hongkonger Ufergelände entstand, bezeichneten sie es bald als »Sing Chin Ko Szee Fat Long«, »das Haus der tausend Arschlöcher«. Angeblich bezieht sich dieser Name auf die lukenförmigen Fenster, doch vermuten manche, daß auch die Bewohner gemeint sind. Das 80-Millionen-Dollar-Hochhaus erfuhr noch andere Probleme als nur die respektlose Benennung: Die teuren italienischen Kacheln fingen alsbald an, von den Außenwänden zu fallen; Wasserrohrbrüche verursachten vier Überschwemmungen nacheinander; die Lifts begannen verrückt zu spielen, hielten ihre Insassen manchmal gefangen oder schossen an ihrem Ziel vorbei, was einige ausländische Bankleute veranlaßte, das Gebäude in »Hancock-Ost« umzutaufen, in Anspielung auf den problemgeplagten Bau der John Hancock Versicherung in Boston, Massachusetts.[3]

Wie man es auch nennen mag, die Chinesen führen die unvorhergesehenen baulichen Probleme des Connaught Centers nicht auf minderwertigen Beton oder schlechte Ingenieurleistungen zurück, sondern auf Feng-Shui und behaupten, dem Bau fehle die rituelle Ausgewogenheit der natürlichen Elemente. Sie kritisierten, daß der Bauunternehmer Wind, Wasser, Standortüberprüfung und Gestaltung des Gebäudes so wenig berücksichtigt hatte.

Einige Erklärungen der Abneigung gegen den Bau befassen sich mit dem Tod: Die runden Fenster ähneln offenbar den ebenfalls runden Bildern der Verstorbenen auf chinesischen Grabmälern; das ganze Gebäude wirkt wie ein Grabstein und steht in einer Flucht mit dem Peak Tower Restaurant, dessen Form an die Urnen erinnert, in denen Weihrauchstäbchen als Opfergabe für die Toten verbrannt werden. Manche dort Tätige schieben die Verantwortung für ihre finanziellen Sorgen bequemerweise auf

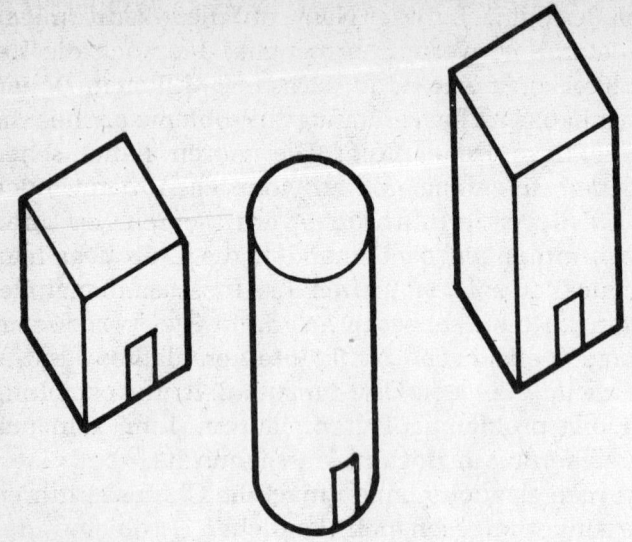

Gute Gebäudeformen.

die Tatsache, daß der Bau wie eine Hummerfalle wirkt, die man aus dem Hafen zieht, bei der das Wasser – symbolisch Geld – aus den Löchern fließt. Die Chinesen erkennen eine unmittelbare Beziehung zwischen den symbolischen Formen ihrer Gebäude und den Schicksalen, dem Wohlergehen und dem Verhalten ihrer Bewohner, so wie die Chinesen auf dem Lande sagen, daß Berge ihr Leben und ihr Glück bestimmen. Unkomplizierte quadratische, zylindrische oder rechteckige Gebäude sind problemlos. Manche Formen können sogar ausgesprochen glückverheißend sein. Das *Hongkong/USA Asian Trade Center* in Oakland, Kalifornien, ist eine Ansammlung von achteckigen Gebäuden, welche das

Ba-gua-Symbol des *I Ging* nachempfindet. Basierend auf den mystischen Kräften des *I Ging* ist der Komplex vollkommen achteckig, bis hin zu den Oberlichtern, Kacheln, Brunnen, Blumenbehältern, Bänken, Kiosken und den Türmen selbst.

Dieses Gestaltungskonzept lehnt sich an die frühe chinesische Architektur an. Der Himmelstempel südlich von Peking, wo der Kaiser jährlich Tiere dem Himmel opferte, wurde mit einem heilvollen Grundriß gebaut. Nachdem er den quadratischen Hof (Erde) verließ, bestieg der Kaiser runde Stufen (Himmel), die glückbringend in Gruppen von drei und neun angeordnet waren, um für ein glückliches Jahr, gute Ernten und die Bestätigung seines Mandats des Himmels zu beten, seinen himmlischen Anspruch auf die Herrschaft.

Die größte Angst gilt dem todesorientierten Symbolismus, eine Übertragung aus dem alten Feng-Shui. In Hongkong glänzen moderne Wohnungskomplexe mit Spiegeln und Woks, welche die Einwohner vor ihre Fenster gehängt haben, um das Übel der Kirchenkreuze abzuwehren. Ein chinesischer Pastor sagt dazu: »Sie glauben, daß es das Kreuz des Todes ist, und wir glauben, es ist das Kreuz der Liebe.«

Diese Betrachtungsweise war der Alptraum der westlichen Missionare in China. Im 19. Jahrhundert beschrieb der Missionar und Scholastiker Reverend Edkins Feng-Shui als »eines der großen Hindernisse des Fortschritts der Zivilisation«, welches, wie er sagte, »die Bemühungen des missionarischen Eifers bremst«. Im 19. Jahrhundert wurden Missionare gezwungen, die erddurchstechenden Kreuze von ihren Kirchen zu entfernen. Doch wandten sich die Chinesen nicht nur gegen die Christen, sondern bestanden auch darauf, daß die Moslems die Minarette von ihren Moscheen entfernten.

In ganz Asien vermeiden es Chinesen, direkt gegenüber einer Kirche oder einem buddhistischen Tempel zu wohnen. Eine Familie gegenüber einer Kirche in Hongkong wurde von Krankheit befallen – ein Leberleiden, merkwürdiges, hohes Fieber und ähnliches. Die Ursache des Unheils waren die sargförmigen, sechseckigen Kirchenfenster.

Weitere Ängste, die durch Kirchen hervorgerufen werden, umfassen die anmaßende, formalisierte religiöse Architektur wie auch die schädliche Anziehung und Kraft des Gebäudes, von denen die Chinesen behaupten, sie könnten dem gegenüberliegenden Haus gutes Ch'i entziehen. Sogar in New York decken Chinesen Fenster ab und verlegen Eingänge, um den Abzug von Ch'i durch eine Kirche zu verhindern.

Auf Grund der starken Assoziierung von Bestattungsunternehmen mit dem Tod vermeiden es die meisten Chinesen, in deren Nähe zu wohnen oder zu arbeiten. Doch bei dem Mangel an Platz und Auswahlmöglichkeiten einer Stadt vermischen sich zwangsweise Wohn- und Geschäftsbereiche. Es kann also sein, daß Familien es akzeptieren müssen, vis-à-vis einem Bestattungsunternehmen zu wohnen. Die Mieten eines Wohnhauses sanken, als ein Beerdigungsinstitut daneben aufmachte. Ein Mieter sagte: »Niemand hat es gern, an die Toten erinnert zu werden.«

Feng-Shui-Symbolismus spiegelt oftmals das tatsächliche Potential eines Designs wider. In Mei Foo

Sun Chuen, einem großen Wohnkomplex in den New Territories, sahen einige der Zehntausende von Bewohnern eine nahegelegene Verbrennungsanlage als ein Zeichen des drohenden Todes an. Sie sagten, sie würde dem örtlichen Feng-Shui schaden, weil ihre drei 30 Meter hohen Schornsteine wie Weihrauchstäbchen emporragten und Rauch und Asche abgaben, was ihre eigenen Gebäude wie Grabsteine wirken ließ. In diesem Fall wies das Symbol vorweg auf die potentielle Umweltverschmutzung der Verbrennungsanlage hin.

Die Höhe von umliegenden Gebäuden kann, ungeachtet deren Formen, das Ch'i einer Wohnung unterdrücken und das persönliche sowie finanzielle Wachstum behindern. Der Bewohner wird sich ständig überschattet und überwältigt fühlen. Ein Geschäftsmann in Hongkong erklärte dazu: »Meinem eigenen Herstellungsbetrieb ging es nicht gut, weil ein Kino ihn überragte und unterdrückte, also hängten wir einen Spiegel auf, und das Geschäft erholte sich, bis wir wieder einen schlechten Monat hatten. Ich sah eines Tages hoch und bemerkte, daß der Spiegel zerbrochen war. Also ersetzten wir ihn und nun geht es wieder gut.«

Ein weiterer Fall ist der der Wohnung von Lin Kefan, einem Geiger. Als Mr. Lin aus China in Hongkong ankam, konnte er sich nur eine Wohnung leisten, von der es hieß, sie habe schlechtes Feng-Shui. Bald verließ ihn das Glück, sein Geld ging zu Ende und seine Arbeit zeigte keinen Erfolg. Er wendete sich an Lin Yun, der feststellte, daß das Problem an Mr. Lins Wohnung im 2. Stock lag, die von Hochhäusern umgeben war.

Die Wolkenkratzer unterdrückten offenbar Mr. Lins Ch'i, so daß er sein künstlerisches Potential nicht entfalten konnte. All das änderte sich, als er einfach einen roten Sechseckspiegel vor eines der Fenster hängte. Der Spiegel, eingerahmt in die I Ging-Trigramme, blockte die aufdringlichen Eigenschaften der Nachbargebäude ab und reflektierte sie. Dies ließ jedoch ein altes Feng-Shui-Problem wieder auftreten: Die Taktiken, die dem einen helfen, können für den Nächsten das Gegenteil bewirken. In einer Familie in der Nähe gab es auf einmal plötzliche, unerklärliche Erkrankungen, und um der ratlosen Familie entgegenzukommen, entfernte Mr. Lin den Spiegel vor dem Fenster. (Ohne daß die Familie es weiß, hängt der Spiegel nun drinnen am Fenster und blickt weiterhin in ihre Richtung.)

Neben dem sechseckigen Spiegel ist ein weiteres Heilmittel für ein Haus mit mangelnder Höhe, ein Wasserbecken auf das Dach zu stellen. Lin Yun sagt, daß dies besonders wirksam ist, weil es nicht nur die erdrückenden, höheren Gebäude reflektiert, sondern auch, weil die Spiegelungen im Wasser waagerecht sind, als wären die Bauten umgefallen. Das Becken läßt das Ch'i zusätzlich zirkulieren und im Haus ansteigen.

Eine weitere wirksame Verzerrung eines Gebäudes von Goliath-Größe ist ein konvexer Spiegel, der den Störenfried auf dem Kopf stehend reflektiert.

Die Symbolik eines Gebäudes kann das Leben und das Geschäft der Einwohner beeinflussen. Messer- und stiefelförmige Gebäude sollten vermieden werden. In Singapur glauben einige Geschäftsleute, daß ein modernes Shopping Center ein Mißerfolg war,

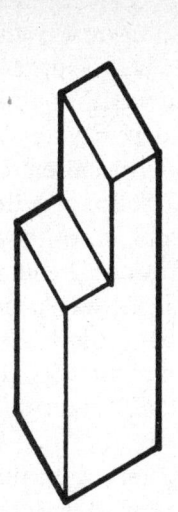

Hackmesserförmige Gebäude.

weil es die Form eines Sarges hatte. Feng-Shui-Leute widersetzten sich von Anfang an dem Bauvorhaben, doch wurde es dennoch durchgeführt. Heute ist das Shopping Center kommerziell tot – eine sich selbst erfüllende Prophezeiung.

Wenn ein Wohnhaus eine Stufe aufweist, die ihm die Form eines Hackmessers gibt, kann es sein, daß ein Bewohner an der »Schneide« ißt, schläft und arbeitet. In dem turmartigen Aufbau, dem »Griff«, zu wohnen, kann das Ch'i der Einwohner verbessern und ihnen ein Gefühl der Kontrolle vermitteln. Ein Spiegel an der Wand gegenüber der Schneide wird den Bewohner samt Schreibtisch, Bett oder Tisch weg von der Klinge in Sicherheit bringen.

155

Chinesische Bewohner von Hongkong weigerten sich, Wohnungen in zwei hohen, luxuriösen Bauten am Hafenufer zu kaufen. Eine ungewisse Zukunft, sagten sie, sei zu erwarten auf Grund der blinkenden roten Lampen auf den Gebäudedächern, die als Signale für den Flugverkehr dienten. Nachts sahen die Hochhäuser wie angezündete Opferkerzen oder Weihrauchstäbchen aus, die bei Beerdigungen oder an den Schreinen der Ahnen dargebracht werden. Viele Ausländer eignen sich diese Denkweise an, weil Vorwürfe von schlechtem Feng-Shui die hohen Mieten senken. Damit pachten sie solche Luxuswohnungen für wesentlich weniger Geld als üblich wäre.

Städtische Feng-Shui-Fachleute bewerten nicht nur, wo gewohnt werden sollte, sondern auch, in welcher Höhe. Durch die Anwendung von Prinzipien ähnlich denen bei einer Ortschaft am Berge meint Lin Yun, daß der Stadtmensch eine Balance zwischen den Extremen des zu hoch oder zu niedrig Wohnens finden muß. Im obersten Stock zu wohnen ist nicht die stabilste Situation. Obwohl die Aussicht enorm sein mag, verwehen starke Winde das Ch'i, fegen um das Gebäude und lassen die Fenster rütteln. Sehr hohe Gebäude schaukeln auch leicht im Wind.

Die unteren Stockwerke wiederum sind unterdrückt von den Höhen der Nachbarbauten und dem Gewicht der darüberliegenden Etagen. Auch bekommen sie weniger Sonne und sind zusätzlich den schlechten Einflüssen von Straßenverkehr, Umweltverschmutzung und Lärm ausgesetzt.

Der Eingang eines Gebäudes ist wichtig. Er sollte weit genug sein, um einen gesunden Ch'i-Strom hineinzulassen. Er sollte nicht direkt auf Bäume oder Pfeiler blicken, die Ch'i am Einströmen hindern sowie das Ch'i derjenigen unterdrücken, die das Gebäude verlassen. Im ursprünglichen Plan des aufwendigen *Hongkong/USA Asian Trade Center* in Oakland, California, hatte ein texanischer Architekt einen Stützpfeiler vorgesehen, der den Haupteingang des Komplexes blockierte. Wie ein Mitarbeiter von Gammon Properties Ltd., einer Immobilienfirma aus Hongkong, erklärte: »Der Architekt kümmerte sich nur wenig um Feng-Shui. Als der Chef den Pfeiler vor dem Haupteingang sah, meinte er, das wäre ganz und gar nicht tauglich.« Also versetzte man den Eingang an eine Stelle, wo kein Pfeiler im Wege war. Ein runder Pfeiler beeinträchtigt die Bewohner übrigens nicht annähernd so sehr wie ein kantiger, weil das Ch'i ihn umziehen kann, ohne von Ecken verletzt zu werden.

Geschäfte haben ihre eigenen Feng-Shui-Regeln. Am besten ist es, einen Laden dort zu haben, wo Ch'i ungehindert hinein kann. Nach den Prinzipien der ländlichen Flüsse wird ein Geschäft an einer Straßenmündung einen ständigen Strom von Kundschaft und Geld bekommen. Ein amerikanischer Bankier der Citibank Hongkong witzelte, daß ein großer Anteil am fernöstlichen Erfolg dieses internationalen Finanzkonzerns daher stamme, daß sich das Gebäude an einer Stelle befindet, wo sich mehrere Straßen treffen. Ein Laden mitten an einer langen, pfeilartigen Durchfahrtsstraße wird nicht den gleichen Erfolg verbuchen können. Wie Tao Ho, ein an der Harvard Universität geschulter Architekt, sagt:

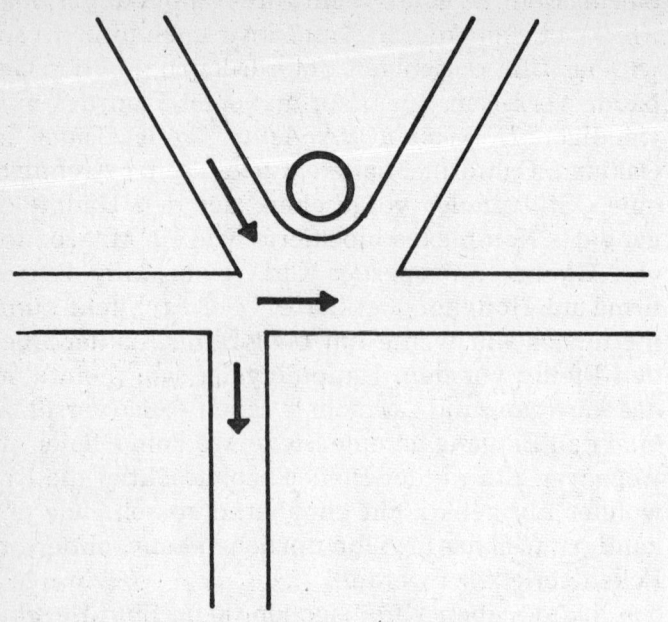

*Die Citibank in Hongkong: Ein Beispiel für gelungene Gebäude-
Plazierung.*

Wenn ich als Architekt von ökologischer Gestal-
tung spreche, rede ich eigentlich über Feng-
Shui... Ein Eckgeschäft hat sehr gutes Feng-
Shui, weil viele Menschen aus diversen Richtun-
gen kommen und es zusätzlich die Ampeln gibt.
Nimmt man die Ampeln weg, so müssen die
Leute über die Straße eilen und ignorieren den
Laden. Wenn die Ampel alle paar Sekunden Rot
zeigt, halten die Leute an und kaufen. Gibt es da
keine Ampel, so geht das Geschäft nicht so gut,

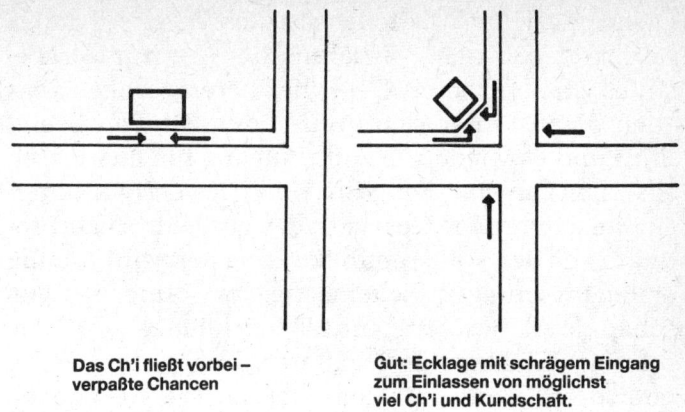

Das Ch'i fließt vorbei –
verpaßte Chancen

Gut: Ecklage mit schrägem Eingang
zum Einlassen von möglichst
viel Ch'i und Kundschaft.

Geschäftslagen.

denn die Leute halten nicht an. Feng-Shui ergibt eine Menge Sinn, und ist im Grunde genommen das, was heute Planung entsprechend menschlichen Bedürfnissen genannt wird.

Die Chinesen gestalten Eckeingänge zu Läden, Hotels oder Banken oft schräg, damit der Zugang zum Geschäftsbereich erweitert ist und Ch'i, Menschen und Geld hineingezogen werden. Jahrelang wurden solche schrägen Eingänge am häufigsten bei Spielhallen verwendet, wie es bei den Kasinos von Macao immer noch der Fall ist. Als eine Bank in Hongkong vor einigen Jahren eine Filiale mit schrägem Eingang eröffnete, waren viele Chinesen von der symbolischen Andeutung schockiert, daß im Sinne der »schrägen Tür« eine unseriöse Auffassung von ihrem Geld dort vorherrschen könnte.

Die finanziellen Vorteile des schrägen Eingangs stammen von dem Verhältnis der Tür zur Straße. Gutes Ch'i und somit Geld wird hereingezogen, was auch das Ch'i der sich kreuzenden Straßen beeinflußt und es wiederum zum Eingang hin ausrichtet. Als Lin Yun das Feng-Shui von Ywe Hwa untersuchte, ein großes Geschäft, das ausschließlich Produkte aus der Volksrepublik China vertreibt, schlug er einen schrägen Eckeingang vor – und das Geschäft läuft hervorragend. Tatsächlich erlaubt die schräge Eingangstür leichteren Zugang zur Bank oder dem Laden für Menschen aus verschiedenen Richtungen. Die Schräge mildert nicht nur, was sonst eine scharfe Ecke gewesen wäre, sondern wird zu einem Teil des Ba-gua-Symbols, was zusätzlich Glück verheißt.

Wasser ist ein wichtiges Element beim Geldverdienen. Im Geschäftsleben ist es für das Feng-Shui der *Hongkong and Shanghai Bank* so wichtig, sagen die Chinesen, daß das Unternehmen der Kolonialverwaltung Geld gab, um einen Park und eine tiefliegende Garage bauen zu können, damit der Anblick des Victoria-Hafens – die Verbindung zum Wasser – von der Bank aus unbeeinträchtigt blieb. Wenn keine Gewässer in der Nähe sind, eignen sich laut Lin Yun auch Springbrunnen im Freien, die zudem gutes Ch'i empor bringen. Über eine große Fontäne auf dem Gelände der Sha Tin Rennbahn in Hongkong sagte Lin Yun einmal, daß sie gut für das Geschäft der Rennbahn sei, Geld zu den Rennen brächte und sicherstellte, daß das Publikum anderen Tages wiederkäme.

Die Chinesen benutzen die Wörter *Feng-Shui* als um-

gangssprachlichen Jargon für Wetten und Glücks-
spiele. Laut Lin Yun stellt die Nähe des Ozeans zum
beliebten Bade- und Spielort Atlantic City in New
Jersey »eine Menge Gelegenheit, Geld zu verdienen«
dar. Da das Wasser jedoch nicht gerade kristallklar
ist, gibt es »die Möglichkeit von Intrigen«. (Was
kaum überrascht, da das Glücksspiel dort traditionell vom Syndikat kontrolliert sein soll.)
Obwohl Behauptungen von Minderungen des Feng-
Shui samt nachfolgenden Erpressungen nach Dorf-
manier in der Stadt selten vorkommen, werden frei
erfundene Feng-Shui-Schädigungen manchmal
laut, um das eigene Gesicht zu retten. Ein amerikanischer Anwalt in Hongkong erzählte von einem äl-
teren chinesischen Geschäftsmann, der Feng-Shui
benutzte, um seine Söhne vor Gesichtsverlust zu
bewahren. Die Söhne hatten einen Vertrag zum
Kauf eines großen Hotels im Südwesten der Vereinigten Staaten entwerfen lassen. Als er merkte,
daß seine Söhne einen Fehler begangen hatten, weil
das Hotel den Preis nicht wert war, beklagte der
alte Mann, daß dem Gebäude die korrekte Ausgewogenheit von Wind und Wasser fehle und er unter
den Umständen das Hotel nicht erwerben würde.
Somit hatte er das Geld der Familie sowie die Ehre
seiner Söhne bei einem undurchdachten Geschäft
gerettet.
Geschichten von Feng-Shui-Täuschungen gibt es in
Hongkong in Hülle und Fülle. Nach örtlicher Legende hatte in den 30er Jahren ein Feng-Shui-Priester einen gewissen Mr. Eu gewarnt, daß dieser so
lange leben würde, wie er Häuser baue. Also fügte
Mr. Eu jahrelang Flügel und Türmchen seinen be-

reits ausgedehnten Villen hinzu, von denen es drei gab: Euston, Eucliff und Sermio. Mit der japanischen Invasion von 1941 hörte die Bautätigkeit auf, und im Einklang mit der Prophezeiung starb Mr. Eu kurz darauf. Manche Bürger Hongkongs meinen, der Feng-Shui-Gelehrte und der Architekt hätten unter einer Decke gesteckt.

Andere gehen jedoch so weit, ihren redlich verdienten Wohlstand ausschließlich mit Feng-Shui zu begründen. Ungeachtet ihres Reichtums oder der Anzahl von Villen, die sie besitzen, bleibt ihre offizielle Anschrift konsequent die in einem heruntergekommenen Viertel, wo ihr Glück begann. Sie sehen sich selbst nicht als »Selfmademen«, sondern als solche, denen Geld schicksalsbedingt auf Grund ihrer glückbringenden Wohnstätten oder Büros zufloß. Sie behalten jene Adresse, so wie ein anderer einen Talisman behält. Die Theorie dahinter besagt, daß, so lange seine formelle Adresse die seiner Anfänge ist, das Glück ihm auch treu bleiben wird.

Eine *Amah* läßt es nicht zu, daß ihr Arbeitgeber, die Familie Edgar, umzieht. Sie behauptet, die Wohnung in Hongkong hätte ihnen elf relativ glückliche Jahre beschert, ohne böse Vorkommnisse oder Krankheiten. Wichtiger ist jedoch, daß die Wohnung in der Mittellage eines Hochhauses *ihre* »Glückswohnung« ist. »Unser Glück ist ganz gut«, sagt Sylvia Edgar, »aber alles, was unsere Amah macht, wird zum Erfolg. Sie kauft Land in Lan Tao und kurz darauf verdoppeln sich die Grundstückspreise dort. Alles, was sie anrührt, wird zu Gold. Obwohl sie Eigentum und Land besitzt und wahrscheinlich wohlhabender ist als wir, gefällt es ihr, in unserer Wohnung zu leben. Sie meint, sie bringe ihr Glück, und wenn das, was sie hat, Glück ist, dann hat sie eine Menge davon.«

[1] Arthur Waley, *The Book of Songs* (New York: Grove Press, 1978), S. 264.
[2] Zitiert aus Arthur F. Wright, »Symbolism and Function: Reflections on Chang-an and Other Great Cities«, *Journal of Asian Studies* (1964), S. 669.
[3] Veronica Huang, »Hongkong's Tower of Assorted Trouble«, *Wall Street Journal*, 12. Oktober 1976, S. 1; und Roy Rowan, *Fortune* (Oktober 1977), S. 191.

6

Innenräume, Architektur

Wohnungen und Büros beeinflussen das Leben der Stadtbewohner. Das Innere von Räumen bildet die Lebensbasis des Stadtmenschen und bestimmt und formt sein Ch'i. Räume mit gutem Ch'i nähren das Ch'i der Bewohner, so daß diese in der Welt außerhalb der Wohnungen und Büros gut zurechtkommen und auch widrigen Umständen gewachsen sind, sei es, mit einer Waffe bedroht und ausgeraubt zu werden oder häßlicher Klatsch hinter dem Rükken. Andererseits fordert man Schwierigkeiten heraus, wenn man in ungünstig gestalteten Räumen lebt. Schlechtes Feng-Shui beeinträchtigt das Potential des Bewohners, verursacht Streß, Reizbarkeit und letztendlich Unglücklichsein. Wenn der Wohnraum nicht ausgewogen ist, hilft auch eine schöne Nachbarschaft wenig. Lin Yun sagt: »Wenn Menschen in einer Umgebung leben oder arbeiten, die ihrem Ch'i schadet oder es beschränkt, gelingt nichts. Andere Gegenden der Stadt werden sich entwickeln, aber eine mit Bewohnern, die aus dem Gleichgewicht geraten sind, wird degenerieren.« Daher betonen moderne Feng-Shui-Fachleute in den Städten das innere Ch'i von Räumen.
Obwohl das Land generell besseres Ch'i bietet, kann

der Stadtmensch gegen die Unzulänglichkeiten seiner Umgebung – Mangel an Raum, Sonne, Bäumen und Wasser – mit Feng-Shui-Lösungen angehen und somit sein Umfeld kontrollieren. Dennoch beziehen sich die Regeln für Innenraumgestaltung auch auf das Wohnen in Vorstadtgebieten sowie auf dem Lande.

Lin Yun setzt Chu-shr-Methoden ein, um Raum Bedeutung zu verleihen und Ch'i zu aktivieren, um eine feindselige Umgebung zu entschärfen, um unausgewogenen Wohnraum auszugleichen, um die Energie in Räumen zu kanalisieren und so die Energie und allgemeine Leistungsfähigkeit der Bewohner zu verbessern. Zum Repertoire des Feng-Shui gehören Spiegel, Beleuchtung, Symbolik, Windspiele und Pflanzen.

Ein Haus ähnelt einem Körper, weil es einen eigenen Stoffwechsel besitzt. Ch'i muß gleichmäßig hindurchziehen, reibungslos vom Hausflur in die Räume fließen. Fenster und Türen, die »Nasen« und »Münder« des Hauses, trennen das innere Ch'i vom äußeren. Sobald es eingeatmet ist, wird das Ch'i in idealer Weise von Türen, Wänden, Fluren, Ecken, Pflanzen und Möbeln von Raum zu Raum geleitet. Die Bewohner, die lebenswichtigen Organe eines Hauses, werden von einem gesunden, ausgeglichenen Ch'i-Fluß genährt, um mit ganzer Kraft leistungfähig zu sein.

Zum Beispiel sollte die Größe der Eingangstür dem Haus angepaßt sein. Eine verhältnismäßig kleine Tür ist wie ein zu kleiner Mund: Sie läßt nicht genügend Ch'i zum Zirkulieren hinein und verringert somit die Chancen von Gesundheit, Reichtum und

Glück. Ist die Tür andererseits zu groß, so fließt zuviel Ch'i hinein. Um das Problem einer zu kleinen Tür zu lösen, bringt man einen Spiegel darüber oder an beiden Seiten an, um einen Eindruck von Höhe und Breite zu schaffen. Ist die Tür zu groß, so hängt man ein Windspiel in den Flur, um die potentiell gefährlich starken Ch'i-Ströme zu zerstreuen.

Türen: Eingänge

Gutes Feng-Shui hängt oft von Form, Größe und Ausrichtung der Eingangstür ab. Ist ihr Feng-Shui nicht richtig, so könnte Unglück über den Haushalt hereinbrechen. Weil das so ist, benutzen viele Menschen nur die Hintertür ihres Hauses. Eine berühmte Schauspielerin in Hongkong geht durch den Bedienstetentrakt, um in ihre elegante Wohnung zu gelangen. Einer chinesischen Hausfrau in Shek-O, einem exklusiven Teil der Insel Hongkong, wurde gesagt, daß sich alle guten Dinge durch ihre Eingangstür verflüchtigen, also verriegelte sie diese, trotz der Proteste ihres europäischen Ehemannes. Dennoch benutzte jeder, von den Gästen bis zu den Dienern, die Hintertür. Das Glück der Familie verbesserte sich tatsächlich, sogar so sehr, daß der Mann sich bei einem späteren Umzug seiner Büroräume von einem Feng-Shui-Fachmann beraten ließ, der ihm sagte, er bräuchte zwei Türen statt einer. Er folgte diesem Rat, und es ging ihm geschäftlich ausgezeichnet.

Der Eingang bestimmt den Ton, die Schwingungen des Hauses. Wie Lin Yun sagt: »Wenn man beim

Betreten eines Hauses sensibel genug ist, empfängt man ganz unterschiedliche Gefühle – manchmal ein glückliches Gefühl, ein anderes Mal ein unbehagliches, deprimierendes.« Die traditionell gastfreundlichen Chinesen gestalten ihre Eingänge, die Schutz vor der Außenwelt und die Schwelle zu einer Innenwelt darstellen, mehr zum Wohle der Bewohner als der Besucher. Ein schlechter Eingang berührt Besucher kaum, doch für die Bewohner ist er eines der vielen Hauselemente, die Ch'i formen und programmieren können. Ist das Ch'i durchweg dünn und isoliert, so können die Bewohner schüchtern fast bis hin zur Selbstzerstörung werden. Ihr Ch'i wird sich verziehen, und ihre Bewegungen werden zurückhaltend. Ist das Ch'i jedoch ausgewogen und glatt fließend, so werden sie erfolgreich sein. So müssen sich Hell und Dunkel, Abstand und Nähe, Materie und Raum komplementieren, eine ausgewogene Basis bilden, von der aus man auf einen erfolgreichen Lebensweg startet.

Ideal ist es, einen breiten, hellen Flur mit einem leichten, glücklichen Gefühl zu betreten. Das ermuntert den Geist, die Bewegungen und die Gefühle der Bewohner, sich ausdrucksvoll, unbeschwert und konstruktiv zu geben. Man sollte sicherstellen, daß sich Türen zum größten Bereich einer Wohnung oder eines Zimmers hin öffnen, damit möglichst viel davon sichtbar wird. Manche Geschäftsleute in Hongkong lassen aus diesem Grund die Scharniere ihrer Bürotüren umkehren.

Dem Ch'i sollten keine Hindernisse in den Weg gestellt werden. Ein Foyer oder eine Eingangshalle kann das Gebäude sowie den Bewohner beeinflus-

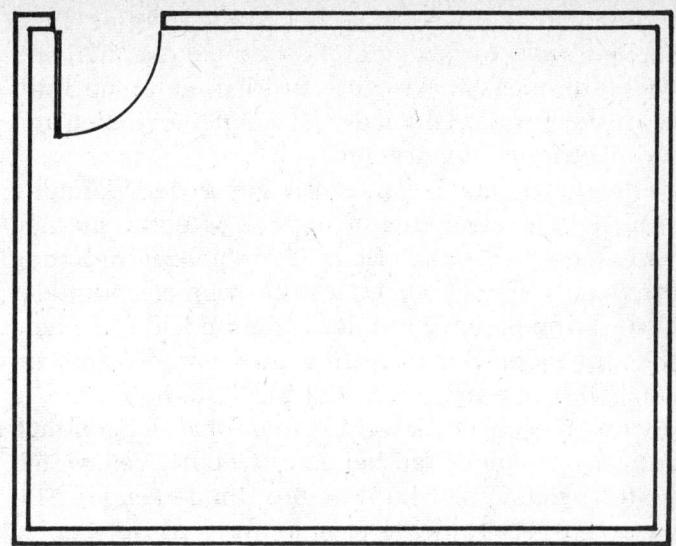

Eingänge: Idealer Eingang mit maximalem Blickfeld.

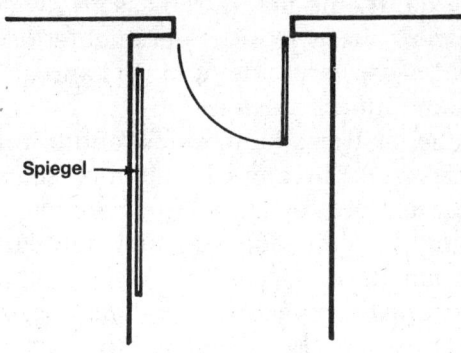

Spiegel

Der Eingang des George Hsu.

sen. Ist der Raum zu schmal, tritt Ch'i nur als Rinnsal ein, was Probleme der Gesundheit und der Entwicklung auslöst. Wie eine zu klein geratene Luftröhre wird es das Glück der Bewohner ersticken und ihre Karrieren abwürgen.

Nehmen wir als Beispiel das Foyer der Wohnung von George Hsu, dem Hongkong-Repräsentanten von General Electric. Beim Betreten der Wohnung empfing die Hsus als erstes ein schmaler, dunkler Tunnel von einem Flur, der zudem noch von einem tiefhängenden Strahler erleuchtet war, der Ch'i zusätzlich blockierte. Das, sagt Mr. Hsu, ließ die Kinder andauernd krank werden und führte letztendlich zum Tode seiner Frau bei einer Geburt. Verzweifelt holte er sich Feng-Shui-Rat ein. Um den engen Flur zu vergrößern, brachte er einen breiten Spiegel an, der beim Eintreten ins Auge fällt. Dieses verlieh dem Raum Tiefe und ermöglichte dem Ch'i, sich durch die einschränkende Wand hindurch zu verbreiten. Er ließ dann eine lichtdurchlässige Zwischendecke anbringen, die von oben erleuchtet ist, was die Leuchtkörper verkleidet und Ch'i anregt, nach oben zum Licht hin zu steigen.

In ähnlicher Weise kann eine Wand unmittelbar gegenüber dem Eingang Ch'i auch einschränken und den Bewohnern jeglichen Mut nehmen, als würden sie beim Eintreten jedesmal buchstäblich gegen eine Mauer laufen.

Die Lösung bei eingeengten Eingängen, ob zu einem Zimmer, einem Flur, einer Wohnung oder einem Büro ist, einen Spiegel an der Problemwand anzubringen und somit den optischen Bereich zu vergrößern, so daß die Wand den Ch'i-Fluß nicht behindert. An einer erdrückenden Wand gegenüber einer Tür bringt man am besten ein hübsches Bild, ein Poster oder eine Bildtapete an, zum Beispiel ein Landschaftsmotiv, um das Ch'i des Menschen anzuziehen. Ein helles Licht im Flur zieht Ch'i an und breitet es aus. Wenn eine Glühbirne durchbrennt, sollte man sie mit einer gleichhellen oder noch helleren ersetzen, nie mit einer schwächeren.

Ch'i, das zu stark fließt, kann das Ch'i der Bewohner hemmen. Um den Ch'i-Fluß zu modifizieren, vermeiden es die Chinesen traditionell, drei oder mehr Türen oder Fenster in einer Reihe zu haben. Eine solche Anordnung, die an pfeilartige Flüsse und Straßen erinnert, leitet Ch'i zu schnell weiter. Sie kann ein Haus in zwei teilen und divergierende Meinungen in einem Haushalt aufkommen lassen. Zugluft, in sich bereits eine subtile Barriere, kann unbewußte emotionale Mauern entstehen lassen, welche die Beziehungen innerhalb der Familie beeinträchtigen. Die unsichtbare Kraft der Zugluft kann auch Geld forttragen und möglicherweise chirurgische Eingriffe bei den Mitgliedern der Familie notwendig werden lassen, die ihre Ursache hauptsächlich in Problemen der inneren Organe entlang der zentralen Senkrechtachse des Körpers haben.

Die Chinesen stellen traditionell Stellwände zwischen Türen auf, um überstarkes Ch'i und Dämonen abzuwehren, die in geraden Linien fliegen. Ein weiteres Mittel gegen häusliche Zwietracht ist, alle Schlafzimmer auf die gleiche Seite der Eingangshalle zu verlegen. Das ist jedoch mit einigen Risiken behaftet und unterwirft die Familie extremen Veränderungen ihres Schicksals, die manchmal günstig,

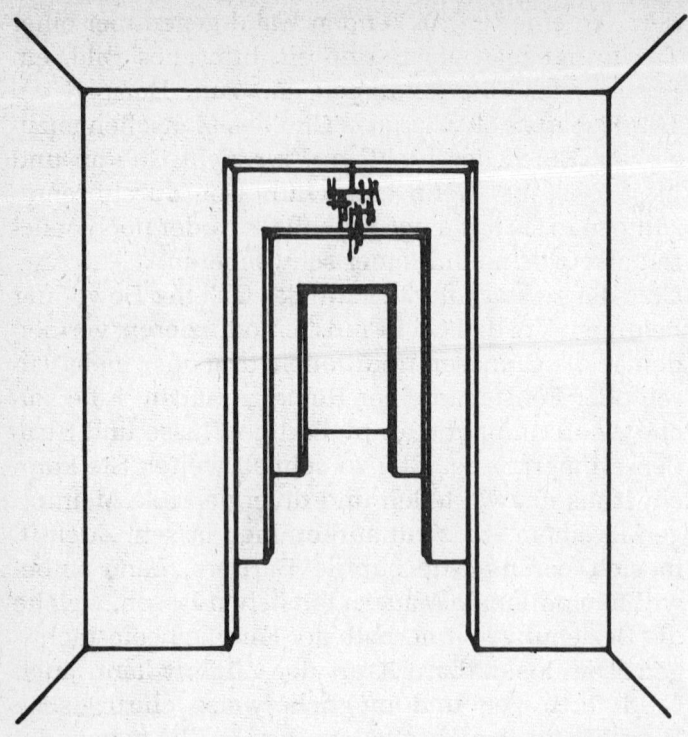

Bei drei Türen oder Fenstern in einer Reihe hilft ein Windspiel oder ein Mobile, Ch'i zu zerstreuen.

aber auch katastrophal ausfallen können. Die beste Gesamtlösung ist, ein Windspiel, ein Mobile oder einen Perlenvorhang in die Blickrichtung der Tür zu hängen, um starkes Ch'i gleichmäßig im Hause zu verteilen.

Nicht genutzte oder »tote« Türen können auch familiäre Streitigkeiten heraufbeschwören, da sie den

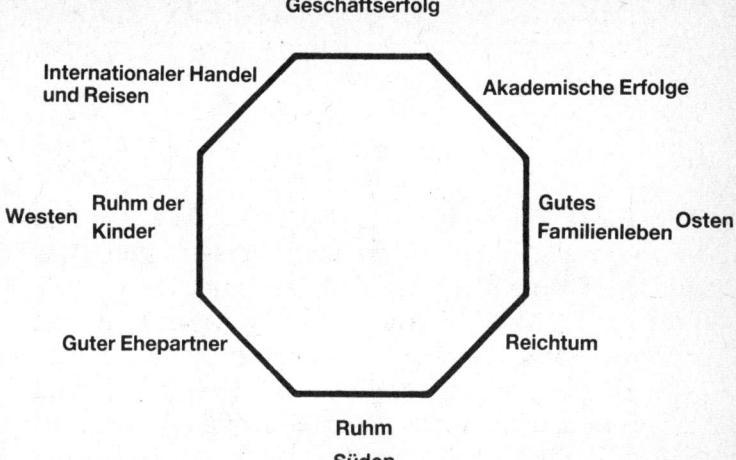

Norden
Geschäftserfolg

Internationaler Handel und Reisen

Akademische Erfolge

Westen

Ruhm der Kinder

Gutes Familienleben Osten

Guter Ehepartner

Reichtum

Ruhm
Süden

Bett- und Türpositionen laut I Ging.

Ch'i-Fluß hemmen. Ein an einer »toten« Tür angebrachter Spiegel löst das Problem und verleiht der Tür zusätzliche Tiefe.

Die Orientierung der Türen kann schicksalsbestimmend sein. Eine Orientierungsmethode basiert auf dem achteckigen I Ging-Symbol: Je nachdem, in welche der acht Richtungen eine Tür ausgerichtet ist, bestimmt sie das jeweilige Glück. Eine Tür zum Norden hin bringt Geschäftserfolge, zum Süden hin bringt sie Ruhm, zum Osten bringt sie ein gutes Familienleben und zum Westen bringt sie den Kindern Ruhm. Eine Tür nach Nordosten bedeutet akademischen Erfolg und Intelligenz, nach Nordwesten verspricht sie weite Reisen und Interessen der Familienmitglieder außer Hause, der Südosten bedeutet Reichtum und der Südwesten einen guten Ehepartner.

Türanordnungen

Türanordnungen sind entscheidend. Türen sollten einander gegenüberstehen, nicht versetzt sein. (Das gilt jedoch nicht für zwei Badezimmertüren.) Eine potentiell schädliche Anordnung ist, wenn sich zwei Türen gegenüberstehen, eine aber größer als die andere ist. Diese Anordnung ist dann akzeptabel, wenn die große Tür zu einem ebenfalls großen Raum führt wie ein Schlafzimmer, Wohnzimmer oder Gästezimmer. Die kleinere Tür sollte einen kleinen Raum öffnen, die Küche, ein Badezimmer oder einen Schrank. Weil Großes Kleines überwältigt, kann eine große Badezimmertür Gesundheits- und Persönlichkeitprobleme hervorrufen – große Türen sollten zu großen Dingen führen. Öffnet sie ein Badezimmer, so werden sich die Bewohner ständig darin aufhalten, entweder, weil sie an Verdauungsproblemen leiden, oder um sich eitel die Gesichter zu schminken. In einem solchen Fall hängt man einen Spiegel oder ein attraktives Bild von außen an die Tür, um die Leute herauszulocken. Vermieden werden sollte auch, daß die Griffe zweier Türen aufeinanderstoßen können, was Streitigkeiten innerhalb der Familie auslöst. Entweder man hängt die Türen um, oder man malt kleine rote Punkte in Augenhöhe auf jede Tür.
Am schlimmsten von allem ist jedoch, wenn zwei

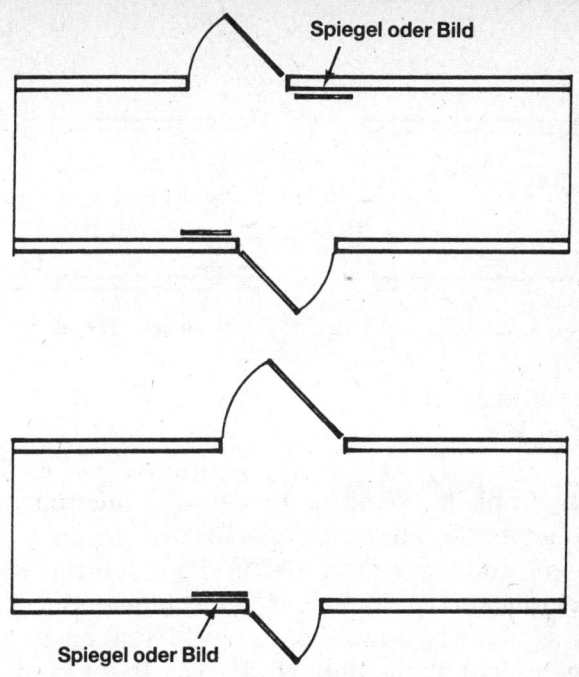

Spiegel oder Bild

Spiegel oder Bild

Türanordnungen: Versetzte, parallele Türen und sich gegenüber-
stehende Türen verschiedener Größe.

Türen einander anscheinend direkt gegenüberstehen, tatsächlich aber leicht versetzt sind. Das kann
der Gesundheit, der beruflichen Laufbahn und dem
häuslichen Frieden schaden. Zwei der Familienmitglieder werden sich andauernd in den Haaren haben
und sich streiten. Solche knapp versetzten Türen
können das Ch'i der Bewohner mit ihren unvermit-
telt hervorstehenden Kanten aus dem Gleichgewicht bringen. Auch bieten die Türen einen unglei-

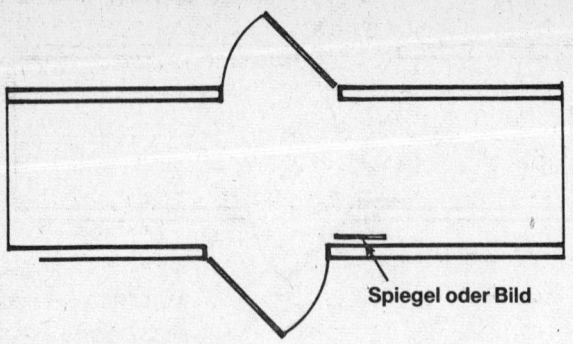

Spiegel oder Bild

Leicht versetzte Türen.

chen Anblick. Wenn der Mensch dauernd zwei Sichtweisen erfährt – die eine abrupt an einer Wand endend und die andere tief in den nächsten Raum hineinblickend – kann das seine innere Harmonie und seinen Ch'i-Fluß stören. Die Situation ist dem Tragen einer Brille ähnlich, deren Gläser nicht die richtige Stärke haben; man fühlt sich mit und ohne die Brille abgetrennt und konfus.

Die Lösung für versetzte Türen: Man bringt entweder einen Spiegel an der Wand daneben an, um den Eindruck von räumlicher Tiefe zu schaffen, oder hängt etwas Attraktives auf, das den Bewohnern Freude macht. Das Bild eines Kindes beispielsweise würde Aufmerksamkeit und Ch'i auf das Kind lenken. Ein Geschäftsmann mag sich vielleicht einen eingerahmten Geldschein hinhängen. So erhält die Lebensperspektive der Bewohner Schärfe, Richtung und Ausgewogenheit.

Die gefährlichste Tür ist die mit einer abgeschrägten Form, die vielleicht unter einer schrägen Decke steht. Eine abgeschrägte Tür kann gutes Feng-Shui vernichten und ein ungewöhnlich furchtbares, unvorstellbares Geschehen heraufbeschwören.

Schräge Wände, Balken oder Türen verursachen außergewöhnliche Katastrophen. Wie im Falle einer Familie, die unter einem schrägen Querbalken wohnte. Ihr Sohn fuhr zum Flughafen, um gemeinsam mit Klassenkameraden nach England zu fliegen, wo sie studierten. Während alle anderen pünktlich an Bord des Flugzeugs gehen konnten, verspätete er sich und nahm die nächste Maschine, die verunglückte. Obwohl er den Unfall überlebte, verletzte er sich eine Hand. Wie Lin Yun erklärt: »Wenn man etwas Schräges hat, wird sich etwas ›Schräges‹, etwas Verdrehtes, Unvorstellbares, ereignen. Wenn ich beispielsweise hart in der Geschäftswelt arbeite, müßte sich Erfolg einstellen, doch es wird ganz anders werden. Ein weniger Tüchtiger wird vorankommen.«

Um eine Schräge bei einem Balken, einer Tür oder einer Wand auszugleichen, hängt man waagerecht darunter einen hübschen Vorhang mit seidenen Quasten, oder man bringt Holz, Blumen oder Topfpflanzen in die Nähe der Schräge. Auch ist es möglich, bei einem Balken eine komplementäre Schräge zu bauen, so daß beide zusammen ein Ba-gua-Symbol ergeben.

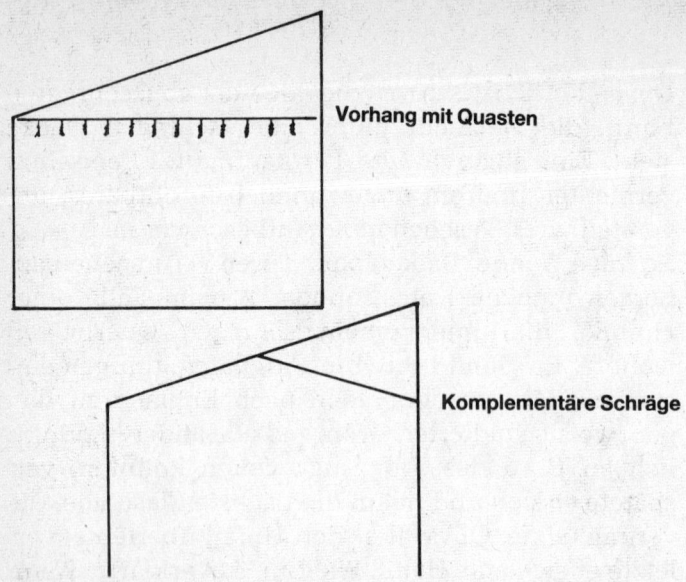

Vorhang mit Quasten

Komplementäre Schräge

Abgeschrägte Wohnelemente: Man bringt einen roten Vorhang mit Quasten oder einen Holzbalken an oder baut eine komplementäre Schräge.

Fenster

Die Form und Art der Fenster kann den Ch'i-Fluß bestimmen. Nach außen zu öffnende Fenster sind am besten. Es verbessert das Ch'i und die beruflichen Möglichkeiten der Bewohner, weil maximales Ch'i eintreten und zirkulieren kann. Die Körperbewegung beim Fensteröffnen dehnt das Ch'i des Bewohners nach außen. Dagegen können einige Fenster, die nach innen zu öffnen sind, Ch'i und somit berufliche Laufbahnen beeinträchtigen. Nichts

178

sollte im Wege sein, um den Ch'i-Fluß oder den des Öffnens zu behindern.

Wenn sich ein Fenster nur halb öffnen läßt, was bei manchen alten Bauten der Fall ist, so bewirkt dies, daß die Bewohner anderen falsche Eindrücke vermitteln, da sie nur die Hälfte des Ch'i bekommen.

Die Chinesen verzichten oftmals auf einen schönen Ausblick, um Fenster aus Feng-Shui-Gründen dicht zu machen. Meistens handelt es sich dabei um Westfenster, welche die gleißende Nachmittagssonne einlassen, die Arbeitsgänge unterbricht und Kopfschmerzen auslösen kann.

In der Amerikanischen Handelskammer in Hongkong scheint ein gewisser Stuhl der Sitz des Todes für all seine Inhaber zu sein. Nachdem zwei Mitarbeiter, die dort saßen, nacheinander starben, ließ die Redakteurin des Handelskammer-Rundbriefes, June Shaplen, einen Feng-Shui-Fachmann kommen. Dieser meinte, daß unheilvolle Kräfte durch ein Westfenster eindringen würden. Seitdem entsprechende Jalousien angebracht und nachmittags heruntergelassen wurden, war alles in Ordnung.

In dem Architekturbüro Eric Cumines waren die westlichen Fenster dicht gemacht worden, um den Lärm der Straße abzudämmen. Laut Mr. Cumine nimmt der Verkehrsstrom Geld weg. Manche Leute barrikadieren Fenster, um das schlechte Ch'i fern zu halten, das von Kirchen und Tempeln kommt. Andere blockieren die Sicht auf nahegelegene Stundenhotels und Matrosenkneipen.

Die Größe eines Fensters und sein Verhältnis zu Innentüren sind wichtig bei der Bestimmung des Ch'i-Flusses im Hausinneren. Der Hausfrieden hängt von der relativen Größe und der Anzahl von Türen und Fenstern ab. Genauer gesagt ist das Verhältnis zwischen Türen und Fenstern so wie das zwischen Eltern und Kindern, das Verhältnis von Generationen zueinander. Die Tür (Mund der Eltern) muß beeindruckender sein als das Fenster (Mund des Kindes), da die Kinder sonst rebellieren.

Das zahlenmäßige Verhältnis von Fenstern zu Türen wirkt sich auch auf die Harmonie innerhalb der Familie aus. Während ein Fenster gut ist, führen drei oder mehr zu Familienstreitereien – zu viele Zungen sind zu viele Alternativen. Zu viele Fenster bedeuten, daß Söhne und Töchter ihre Eltern kritisieren werden, sich mit ihnen streiten und sich ihnen sogar widersetzen. Unruhe kann auch in der Familie auftreten, wenn das Fenster größer ist als die Tür, weil das Kind dann nicht auf seine Eltern hört. Es ist jedoch völlig problemlos, wenn ein großes Fenster in kleinere Felder unterteilt ist.

Als Lösung bietet sich an, ein Glöckchen oder ein Windspiel oben an der Tür oder dort anzubringen, wo es beim Türöffnen läutet. Das Fenster (Kind) kann so groß sein, daß es die kleinere Tür nicht beachtet, doch wenn die Tür beim Öffnen dauernd ein Geräusch verursacht, muß das Fenster auf sie achten.

Balken und hervorstehende Elemente

Tiefliegende Balken, die Wohlstand und Wachstum hemmen, sollten vermieden werden. Balken unterdrücken nicht nur das Ch'i derjenigen, die sich dar-

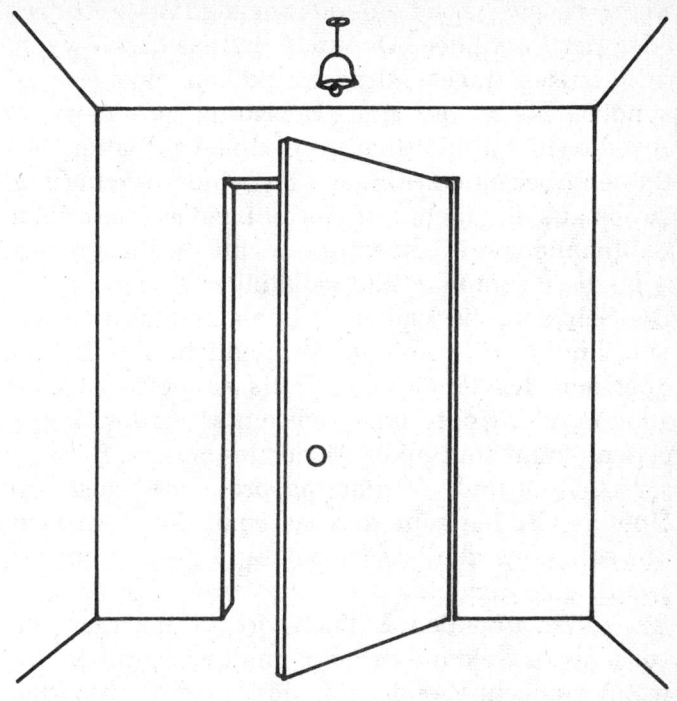

Verhältnis von Türen zu Fenstern: Wenn die Fenster in einer Mehr-
zahl von 3:1 sind oder ein Fenster größer als die Tür ist, hängt
man ein Glöckchen oder ein Windspiel auf, so daß es läutet, wenn
die Tür geöffnet wird.

unter befinden, sondern behindern auch die Ch'i-
Zirkulation im ganzen Haus. Obwohl freigelegte Balken in westlichen Häusern sowie wunderschön zu-
sammengefügte Balken in chinesischen Tempeln
und Pavillons ein reizvoller Zusatz für jeden Raum
sind, gelten sie – und besonders Balken in der Mitte
– bei den Chinesen als gefährlich.

Balken unterdrücken Ch'i und wirken schwächend, wenn sie sich über einem Eingang, Bett, Eßtisch oder Herd befinden. Dadurch, daß sie das Gewicht des Hauses tragen, strahlen Balken eine erdrükkende sowie zermürbende Belastung auf diejenigen aus, die sich unmittelbar unter ihnen aufhalten. Ein Balken über einem Eingang löst einen psychischen Druck aus, der nicht nur Hoffnungen auf berufliche Laufbahnen und Geschäfte zunichte macht, sondern auch die persönliche Entwicklung.

Die Schäden, die Balken in Schlafzimmern anrichten, sind je Position unterschiedlich. Ein Balken über dem Kopfende eines Betts kann die Ursache andauernder Kopfschmerzen sein. Über der Magengegend kann ein Balken Magengeschwüre, Rückenschmerzen und Verdauungsprobleme auslösen. Über den Füßen kann der Balken die Bewohner unbeweglich werden lassen, unfähig zu reisen oder irgendwie zu handeln.

Ein Balken über dem Eßtisch wird dafür sorgen, daß verliehenes Geld nie zurückgezahlt wird und der Bewohner anschließend zusätzliches Geld auf andere Weise verlieren wird. Als Ergebnis wird weniger und schlechtere Nahrung auf den Tisch kommen. Ein Balken über dem Herd beeinträchtigt auch den Wohlstand, da er finanzielle Möglichkeiten einschränkt.

Lösungen: Man rückt das Bett, den Herd oder den Tisch unter dem Balken weg, bringt einen Deckenspiegel an, um dem Ch'i zu ermöglichen, durch den Balken hochzuziehen, oder bringt einen Feuerwerkskörper über dem Balken an, um das bedrückende Element symbolisch zu sprengen. Eine wei-

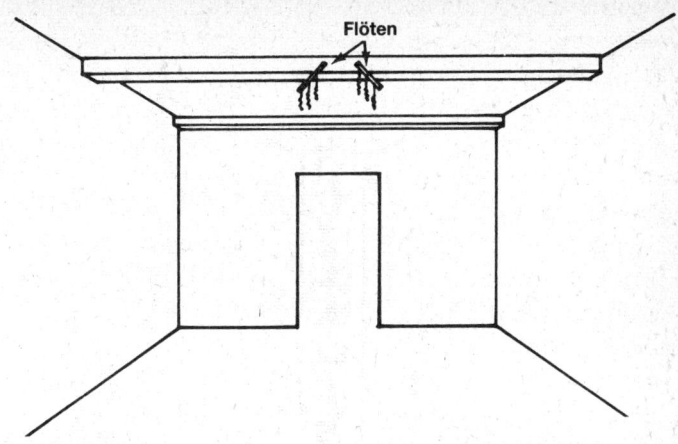

Flöten

Balken: Man schafft einen Teil eines Ba-gua-Symbols (Achteck), indem man zwei Flöten mit Quasten aufhängt. Die Flöten pumpen Ch'i durch den bedrückenden Balken.

tere, mystischere Lösung wäre, zwei Bambusflöten mit roten Quasten oder Schleifen schräg zueinander aufzuhängen. Nicht nur ähnelt dieses Arrangement der heilvollen Ba-gua-Form, die alles Negative korrigiert – da die Flöten hohl sind, leiten sie auch Ch'i, welches symbolisch durch den Balken zieht. Eine Flöte ist messerartig, und wenn sie korrekt ausgerichtet wird, schützt sie die Bewohner, indem sie Geister und böse Umstände vertreibt.

In einem Flur bewirkt eine von oben erhellte, lichtdurchlässige Zwischendecke, daß Ch'i gleichmäßig zirkulieren kann.

Scharfe, messerartige Ecken, die in den Raum hineinragen, sind zu vermeiden, da sie die Bewohner

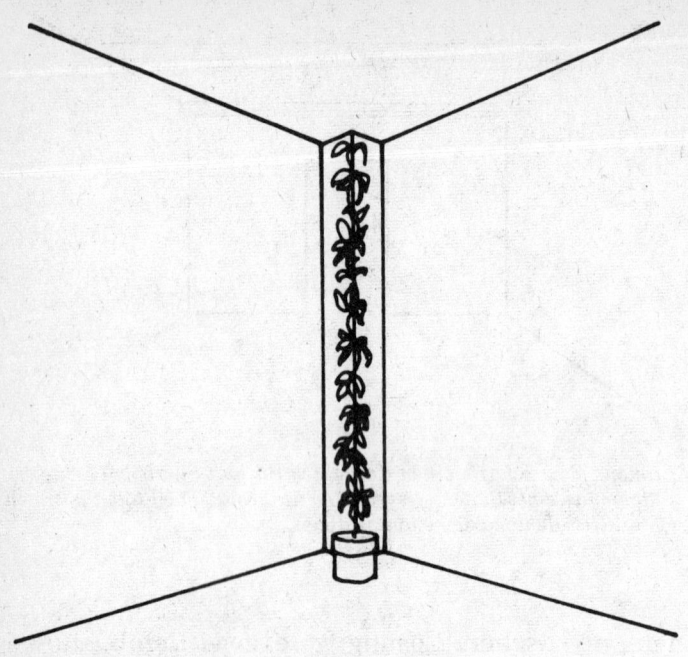

Hervorstehende Ecke: Man bringt einen Spiegel an oder stellt eine Schlingpflanze auf, um die Ecke zu entschärfen.

bedrohen und ihr Ch'i verletzen. Als Lösung verdeckt man die Ecke mit einer Schlingpflanze, hängt einen Spiegel daneben auf oder rundet sie ab.

Auch kleine Gegenstände, die in einen engen Raum ragen, können dem Wohlbefinden abträglich sein. Die Arbeitsprobleme eines Regierungsangestellten wurden darauf zurückgeführt, daß der Zuggriff einer Dachbodenklappe im Flur bei seinem Büro herabhing. Obwohl der Mann hart arbeitete, kritisierte sein Vorgesetzter ihn andauernd. Der Klappengriff veranlaßte offenbar, daß man ihn schlecht behandelte: Jedesmal, wenn er den Flur entlangging, mußte er sich entweder bücken, oder der Griff streifte seinen Kopf, was seinem Ch'i im Laufe der Zeit eine defensive, ungleiche Form gab und Leute auf ihm herumhacken ließ. Unbewußt verlangte der Mann nach schlechter Behandlung. Die Lösung lag natürlich darin, den störenden Griff zu kürzen. Nun berichtet der Mann, sein Berufs- und Privatleben habe sich verbessert. Er strengt sich weniger an, doch sein Chef achtet ihn und behandelt ihn besser. »Ich merke, daß ich wieder Kontrolle über mein Leben habe«, sagt er.

Treppen

Treppen sind die Leitbahnen des Hauses und pumpen Ch'i von einem Stockwerk zum nächsten. Sie sollten nicht zu eng dimensioniert sein. Runde, geschwungene Treppen, die in der Eingangshalle münden, sind am besten. (Die Chinesen vermeiden Treppen, die gerade herab zum Haupteingang führen, da sie gutes Ch'i und finanzielle Gelegenheiten wegrollen lassen.) Geländer mit scharfen Winkeln können Ch'i auch verletzen. Schlecht beleuchtete, niedrige Decken über Treppen unterdrücken Ch'i, würgen und hemmen sein Hinaufströmen. Um die Ch'i-Zirkulation zu verbessern, bringt man einen Spiegel an der Decke an und erhöht damit die beengte Situation. Helles Licht kann auch das Ch'i auf Treppen und in Fluren aktivieren.

Leuchten

Licht, das Symbol der Sonne, ist glückbringend. Dunkle Räume und Flure bedrücken Ch'i. Helligkeit stimuliert das Ch'i des Menschen und bringt Yang in eine Yin-Situation. Das Licht sollte der Umgebung gut angepaßt sein. Kandelaber beispielsweise aktivieren Ch'i und verteilen starkes Ch'i gleichmäßig im Raum. Hängen sie jedoch zu niedrig oder stören sonst die Bewegungen der Bewohner, so können sie deren Ch'i beeinträchtigen.

Spiegel

Auf Long Island bei New York hat die Familie Pan einen Spiegel im Eßzimmer aufgehängt, nicht um der Dekoration willen, sondern um das Feng-Shui zu verbessern. Sie wollen das Wasser des nahen Flusses – Geld – in ihr Haus und auf ihren Eßtisch holen und somit ihre Nahrung und ihr Leben segnen lassen. Während Spiegel, eine häufig eingesetzte Feng-Shui-Lösung, traditionell angewendet werden, um böse Geister und schlechte Feng-Shui-Gebilde abzuwehren, werden Spiegel im Schwarzhut-Feng-Shui auf fünf weiteren Weisen benutzt: um positive Kräfte wie Wasser- und Berg-Ch'i heranzuziehen und Licht zu brechen; um gutem Ch'i zu ermöglichen, durch unbenutzte Türen zu ziehen, was die Wohnung und ihre Bewohner erhält; um Eindringlinge zu reflektieren, wenn die Bewohner der Tür den Rücken zugewandt haben, was Überraschungen verhindert, die das Ch'i auflösen könnten; um gegen die erdrükkende Wirkung einer nahen Wand anzukämpfen und so den gesunden optischen Eindruck von Weite zu schaffen, damit Ch'i frei zirkulieren kann, und um symbolisch einen Raum ins Haus hineinzubringen, der vor dem Eingang hinausragt.

Wie immer sie auch angewendet werden, sollten Spiegel nie so angebracht sein, daß sie den Kopf des größten Mitgliedes der Familie abschneiden, da sonst diese Person für Kopfschmerzen anfällig wird und ihr Ch'i abnimmt. Auch sollten Spiegel nicht zu hoch gehängt werden.

Pflanzen

Pflanzen bieten eine attraktive Lösung für viele innerhäusliche Feng-Shui-Probleme. Sie sind eine symbolische Erinnerung an Wachstum und Natur, die sie im Kleinen wiedergeben. In einer Ecke lassen Pflanzen das Ch'i steigen und zirkulieren, so daß es dort nicht regungslos bleibt. Vor einer hervorstehenden Ecke schützen sie den Raum vor der scharfen Kante. Am Kopfende eines Bettes heben Pflanzen das Ch'i der dort Schlafenden. Pflanzen leiten Ch'i nicht nur weiter, sondern sie kreieren es auch. Sie verleihen einem Haus ein wachsendes, lebendiges Gefühl. Oftmals können Pflanzen üble Auswirkungen beschränken und sie in glattes, positives Ch'i umwandeln, so wie das schwere, hemmende Ch'i, welches durch große Fenster eintritt.

Wasser

Das Vorhandensein von Wasser in Wohnräumen, Büros, Geschäften und Restaurants zieht Geld an. Manche Büros, die das Glück haben, einen Ausblick auf Flüsse, Seen und Häfen zu haben, können Spiegel aufhängen, um das geldbringende Ch'i des Wassers in ihre Räume hinein zu reflektieren. Andere müssen jedoch selbst für Wasser sorgen, indem sie Fischbassins aufstellen. (Solche mit vielen Luftblasen stimulieren die Ch'i-Zirkulation besonders gut.) Das Wasser sollte immer sauber und die Fische gesund sein.

Waschräume sind auch wichtig, wenn das Geschäft nicht den Bach hinuntergehen soll. Beim Lee Travel Service lag die Hintertür des Büros des Verkäufers direkt gegenüber dem Eingang zur Damentoilette. Der Firma wurde geraten, die Tür geschlossen zu halten und einen halblangen Spiegel daran anzubringen, um das Geschäft zu beleben und symbolisch einen neuen Weg zu eröffnen.

In einem Unternehmen in Hongkong ließ der Besitzer das Handwaschbecken samt allen Installationen neben den Arbeitsplatz der Buchhalterin rücken. »Jedesmal, wenn sich jemand die Hände wäscht«, erklärt er, »kommt mehr Geld herein.«

Farben

Ein weiterer Aspekt von gutem Feng-Shui ist Farbe. Nach Auffassung der Chinesen kann das Schicksal des Menschen von der Farbe des Hauses, der Kleidung, der Arbeitsräume und ähnlichem beeinflußt werden. Im Westen spricht man von Farben, um Gemütszustände zu beschreiben: Jemand sieht rot, etwas geht bunt zu, man ist grün vor Neid, alles ist kunterbunt durcheinander, und man sieht schwarz. Oft kleidet man sich in der Farbe, welche die geistige Verfassung oder Stimmung spiegelt. In der Werbung werden die emotionellen und psychischen Reaktionen der Menschen zugunsten eines Produkts oft durch Farbgebung manipuliert. In ähnlicher Weise beeinflußt Farbe das Feng-Shui von Wohnräumen. Für die Chinesen ist Rot die Farbe des Glücks und suggeriert gutes Gelingen, Feuer oder Wärme und Kraft. Schreine, Kleider und Geldkuverts – wie sie Kinder am Neujahrstag oder Geomanten für Feng-Shui-Ratschläge erhalten – bekommen durch die Farbe Rot besondere Bedeutung. Eine chinesische Braut trägt ein leuchtend rotes *Cheongsam*, und der Vater eines neugeborenen Sohnes verteilt rote Eier. Viele von Lin Yuns Patienten tragen rote Bänder am Handgelenk, um die Taille oder um den Hals, um Ch'i einzubehalten und zu kanalisieren.

Dunkelrot und Purpur – das »Herz« von Rot – ist eine gleichermaßen lebenerfüllte Farbe, die tiefen Respekt auslöst.

Grün strahlt Besonnenheit und Frische aus. Es ist die Farbe des Frühjahrswachstums und ein Zeichen für gesundes Erd-Ch'i. Der Filmregisseur Chu Mu lebt in einer grünen Welt, in der er von grünen Polstern, Teppichen und Pflanzen umgeben ist. Er fährt sogar einen grünen Mercedes. Dazu erklärt Mr. Chu: »Ich wurde im Jahr des Ziegenbocks geboren, und was fressen die, wenn nicht Gras. Und das gesündeste Gras ist grün.« Also hofft Chu Mu, indem er sich mit Grün umgibt, daß seine Jahre ertragreich und seine Chancen zahlreich sein werden.

Gelb, die Farbe der Sonne und der Helligkeit, stellt Langlebigkeit dar. Ein goldenes Gelb war den Kleidern und Kacheln der kaiserlichen Familie vorbehalten. Buddhistische Mönche tragen traditionell safranfarbene Gewänder.

Die furchterregendste Farbe ist für Chinesen Weiß. Weiß kennzeichnet tiefste Trauer, so wie Schwarz in westlichen Kulturen. Bei traditionellen chinesischen Beerdigungen hüllen sich die Familienangehörigen des Verstorbenen in Gewänder aus einfachem, ungebleichtem Musselin als Zeichen demütiger Trauer. Manche meinen, Weiß läßt die Sinne abstumpfen. Modische Weiß-in-Weiß gehaltene Räume symbolisieren für Chinesen den Tod. Als Lin Yun die völlig weiße Atelierwohnung eines Künstlers im New Yorker Stadtteil SoHo begutachtete, schlug er vor, die Eingangstür rot anzumalen. Der große Raum erschien ihm wie ein Krankenzimmer oder eines in einem Krankenhaus: »Irgendwann erkranken Familienmitglieder. Sie sollten Farbe haben.« Viele weiße Innenräume, die Lin Yun untersucht hat, enthalten jetzt rote Blumen, Punkte oder Türen, grüne Schlinggewächse oder farbenfrohe Teppiche, um einem »weißen Geschehen« entgegenzuwirken, also einem Todesfall, einer Erkrankung oder einem Unglück. In einer zahnmedizinischen Klinik in Hongkong weigerte sich das Personal, weiße Uniformen zu tragen und trat die Arbeit erst an, als grüner Kleidung zugestimmt worden war.

Ein Feng-Shui beachtender Bauunternehmer läßt

nicht zu, daß Weiß oder Blau – eine als kalt geltende, weitere Trauerfarbe – in seinen Gebäuden verwendet wird, und bevorzugt glückbringende Grün- und Rottöne. (Blau wird nicht konsequent vermieden.) Auch Schwarz gilt als äußerst negativ. Es bedeutet Unglück, dunkle Geschehnisse und das Schwinden des Lichts wie beim Schließen eines Sargdeckels. Oftmals sind Farbanwendungen zweckgebunden: Einem jungen Mann, der gerne heiraten möchte, rät Lin Yun zu einer Chu-shr-Lösung: rosa Bettlaken.

Raumbestimmung

Welche Zimmer in welchem Verhältnis zueinander liegen, wirkt sich auch auf Feng-Shui aus. Je näher die Küche zum Beispiel am Eßzimmer liegt, desto besser. Auch sollte die Küche möglichst weit von der Eingangstür entfernt sein. Die Chinesen glauben, daß ein Gast, der beim Eintreten in ein Haus als erstes die Küche sieht, lauter Freunde nach sich zieht, die nur zum Essen vorbeikommen. Wenn eine solche Nähe besteht, sollte man die Küchentür geschlossen halten und einen Spiegel daran anbringen. Die Lage von Badezimmern ist ausschlaggebend. Die Rohrverläufe in einem Haus scheinen die Verdauung und die Ausgaben der Bewohner zu beeinflussen, da das Badezimmer der Raum ist, wo Wasser – Geld – weggespült wird. Küche und Badezimmer sollten möglichst weit auseinander gelegen sein. Sonst wird es der Gesundheit und den Finanzen schlecht gehen und verdientes Geld innerhalb kürzester Zeit ausgegeben oder verloren sein. (Das

Haushaltsgeld wird weggespült werden.) Der Eßtisch sollte in Richtung der Küche gestellt werden.

Wenn das erste, was man beim Betreten des Hauses sieht, das Badezimmer ist, werden Bewohner sowie Gäste an schlechter Gesundheit leiden. Auch wird das Geld der Bewohner schwinden, weil es fortgespült wird. Die Lösung: Man hält die Tür zum Badezimmer geschlossen und bringt einen Spiegel daran an.

Ein Badezimmer am Ende eines langen Flurs ist schlecht für die Gesundheit der Familie, da es am Ziel von schnell geleitetem Ch'i liegt. Ch'i, das durch ein Fenster oder eine Tür eintritt, schießt in das Badezimmer und beeinträchtigt die biologischen Systeme der Familie. In einer solchen Wohnung blieb die Ehe ungewollt kinderlos. Ein Feng-Shui-Fachmann schlug der Frau unter anderem vor, einen Perlenvorhang im Korridor aufzuhängen, um das Ch'i zu zerstreuen. (Ein Windspiel oder ein Mobile hätte auch gewirkt.) Ein Jahr danach war sie eine glückliche Mutter.

Eine Toilette sollte nie direkt dem Eingang gegenüber liegen, sondern möglichst weit versetzt sein.

Pflege

Die Pflege des Hauses ist von oberster Wichtigkeit für den reibungslosen Ch'i-Fluß und die Ausgewogenheit von Yin und Yang. Ein Haus in gutem Zustand wirkt sich am besten auf die Bewohner aus. Das Ch'i kann sich verändern, wenn Teile des Hauses unbrauchbar werden oder kaputt sind – wie bei gesprungenen Fensterscheiben, undichten Dächern, vollgestopften Zimmern und Fluren oder verstopften Rohren. Die Auswirkungen ähneln denen eines alternden oder kränkelnden Körpers: Wenn der Atem und das Blut nicht mehr zirkulieren können, leidet die Gesundheit des gesamten Organismus. Pflege ist unbedingt erforderlich. Die Bewohner könnten vergleichbare Leiden entwickeln. Ein nicht repariertes Loch könnte sich entzünden und die Bewohner infizieren, die dann vielleicht operiert werden müßten. In einem Flur oder hinter einer Tür angehäufte Kisten und Plastikbeutel können Ch'i hemmen und somit körperliche Bewegung und berufliche Ziele blockieren.

Die Pflege von Türen ist wichtig. Eine Tür muß sich leicht öffnen lassen. Wenn ein Bewohner sich jedesmal gegen eine Tür lehnen muß, um sie zu öffnen, gerät das Ch'i seines Körpers aus dem Gleichgewicht. Türen müssen gut geölt sein. Das Quietschen rostiger Scharniere vertreibt nicht nur das Ch'i des Innenraumes, sondern durchdringt auch das Ch'i der Bewohner, was nicht nur strapazierte Nerven, sondern auch Gesundheitsschäden zur Folge hat. Geöffnete Türen dürfen nicht wie knirschende Zähne aufeinanderstoßen.

Der Zustand der Fenster – die Augen, Ohren und Nasenlöcher des Hauses – kann die Gesundheit der Bewohner beeinflussen, besonders die der Körperöffnungen. Ist eine Fensterscheibe zerbrochen oder abgedeckt, kann der Bewohner Probleme der Augen, Ohren oder Nase erfahren. Geburten könnten schwierig ausfallen.

Die Pflege von Badezimmern hat große Bedeutung.

Auf Hawaii bat ein Ehepaar, das an Verdauungsstö-
rungen litt, Lin Yun darum, das Haus zu untersuchen. Er bemerkte, daß das Schlafzimmer nicht mit
einer Tür vom Badezimmer abgetrennt war. Zusätzlich war der Abfluß des Waschbeckens verstopft. Er
riet den Bewohnern, das Waschbecken in Ordnung
zu bringen und eine Tür einzubauen. Sobald diese
beiden Ratschläge befolgt waren, verschwanden die
Verdauungsprobleme.

7

Innenräume, Möblierung

Die Chinesen lösen eine Vielfalt von Problemen – von unbefriedigenden Raumformen bis hin zu unpraktischen Küchen, Büros und Schlafzimmern – durch das Umstellen von Möbeln. Verschiedene Arrangements vermitteln unterschiedliche Eindrücke: Dicht aneinandergestellte Möbel erwecken eine eher intime Stimmung, eine geometrische Anordnung wirkt formell, und andere Möbelstellungen können gemütlich sein. Doch verändern Chinesen ihre Möblierung auch, um unausgewogene Zimmer ins Gleichgewicht zu bringen und um den Ch'i-Fluß und somit letztlich das Schicksal der Bewohner zu verändern.

Wohnungs- und Zimmerformen

Wohnungs- und Zimmerformen folgen den Regeln für Haus- und Grundstücksformen. Quadrate, Rechtecke und Kreise sind am besten. Eine Form kann auf eine den Bewohnern eigene Bestimmung hinweisen. Formen, die den Tod andeuten, sollten gemieden werden. Als ein junges Paar eine Wohnung in Hongkong bezog, konsultierte es einen

Feng-Shui-Fachmann, der ihm riet, nochmal umzuziehen, weil die Wohnzimmerwände nicht parallel
verliefen und so eine Sargform andeuteten. Der Ex-
perte meinte, daß sie sterben würden, wenn sie die
Wohnung behielten. Sie ignorierten seinen Rat. Kurz
danach stürzte ihr Wagen in einen See, und beide
kamen um.

Bei ungewöhnlich geformten Wohnungen oder Häusern achten Chinesen besonders auf die Bestimmungen der Räume. Schlafzimmer, Küche und Eßzimmer sollten im Hauptteil jedes Hauses liegen und
nicht in einem Flügel, der über den Eingang hinausragt. Man sollte es vermeiden, ein Schlafzimmer
oder eine Küche an der »Schneide« eines hackmesserförmigen Grundrisses zu plazieren, wie auch im
»Zeh« eines stiefelförmigen Raumes.

Stiefelförmige Räume und Wohnungen können die
Bewohner »stolpern« lassen und Ch'i unterdrücken.
Im Sommer 1978 wurde ein Feng-Shui-Fachmann
von Freunden des Schauspielers Gig Young und seiner Frau, die auf deren New Yorker Wohnung aufpassen sollten, gebeten, diese zu begutachten. Er
erinnert sich beim Betreten der Wohnung: »Ich war
von einem Gefühl nahenden Unglücks überwältigt.
Einige Elemente stimmten nicht.« Nicht nur war die
Wohnung stiefelförmig, sondern die Schlafzimmer
befanden sich in dem Zeh, der vor dem Eingang lag,
eine Situation, die Entfremdung innerhalb der Familie sowie die Abwesenheit der Bewohner fördert. Zudem stand das Bett im Zeh selbst, was zu einer
schlechten Wendung des Schicksals und einem Aus-
bleiben beruflicher Chancen führt. Die Freunde des
Paares rückten das Bett aus der Ecke heraus, doch

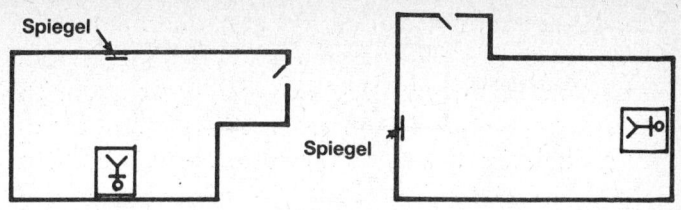

Hackmesser- oder stiefelförmige Räume: Steht das Bett an der Schneide oder im Zeh solcher Räume, so kann es ein Spiegel von der gefährlichen Wand wegziehen.

stellten sie es vor die Tür, immer noch die falsche Position. Bis heute führen sie den rätselhaften Tod des Ehepaares Young auf die geheimnisvolle Wirkung von Feng-Shui zurück.

Bei einem hackmesserförmigen Haus oder Zimmer sollte weder ein Bett, ein Ofen noch ein Schreibtisch entlang der Schneide gestellt werden. Wenn aber die Möbel strategisch im »Griff« plaziert werden, dem Teil, der das Messer kontrolliert, werden die Bewohner ihr Leben weitgehend bestimmen können. So kann beispielsweise die richtige Handhabung eines hackmesserförmigen Zimmers Leuten, die bei Spielen nie gewinnen, einen Vorteil verschaffen. Die Hackmesserform eines Mah-Jongg-Zimmers im Hause des Schauspielerehepaares Patrick Tse und Debbie Lee bedeutet Gewinn für manche und Verlust für andere. Debbie Lee sagt dazu: »Ein Freund gewinnt immer. Meistens sitzt er auf Platz B. Das letzte Mal dort gewann er 800 Dollar. Dann saß er auf Platz A und verlor die Hälfte davon. Auf Platz C verlor er noch mehr.« Offenbar ist Platz C der

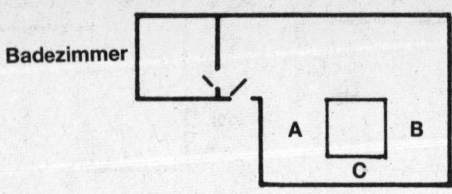

Mah-Jongg-Zimmer.

schlimmste, weil er sich an der Schneide befindet und das Ch'i des Spielers hemmt. Eine Lösung wäre, den Tisch von der Wand abzurücken. Eine Chu-shr-Garantie für das Gewinnen von Debbie Lee wäre es, wenn sie ins Badezimmer ginge (dem Griff des Messers) und sich die Hände wüsche, wodurch sie rituell Kontrolle über die Geldsituation erlangen würde. Eine weitere Möglichkeit wäre, das Bett, den Schreibtisch oder den Ofen an der Klinge zu belassen und einen Spiegel an der gegenüberliegenden Wand anzubringen, um die Möbel von der Schneide weg zu reflektieren.

Chinesen vermeiden auch Räume mit ungewöhnlichen Winkeln. Eine Zimmerecke mit einem spitzen Winkel ist aus dem Gleichgewicht und hat einen ungleichen Ch'i-Fluß. Ein solcher Winkel hält Ch'i gefangen, läßt geschäftliche Bemühungen versagen und stellt eine Sackgasse für das Glück dar. Als Lösung stellt man eine blühende Staude oder einen Topfbaum in der Ecke auf, um dem Ch'i zu ermöglichen, durch die Pflanze zu ziehen, denn Pflanzen spenden totem Ch'i Leben und lassen es wieder zirkulieren.

Möbelplazierung

Schlafzimmer

Da die meisten Menschen mindestens ein Drittel ihres Lebens im Bett verbringen, kann der Standort des Bettes das Ch'i gestalten. Die erste Überlegung gilt dem Verhältnis des Bettes zur Tür. Man sollte es immer diagonal gegenüber zur Schlafzimmertür stellen, so daß die Person im Bett sehen kann, wer hereinkommt. (Die Chinesen meiden es, das Fußende eines Bettes direkt zur Tür hinzeigen zu lassen, da sie das an die Stellung von Särgen in Bestattungsunternehmen erinnert und somit den Tod suggeriert.) Wenn eine diagonale Anordnung nicht möglich ist, hängt man einen Spiegel auf, um jeden Eindringling zu reflektieren, der den Bewohner erschrecken und so sein Ch'i zerstreuen könnte. Man sollte Deckenbalken über dem Bett sowie scharfe Ecken vermeiden, die auf das Bett gerichtet sind. Das Kopfbrett sollte höher sein als das Fußbrett.

In der Nähe des Fußendes des Bettes oder gar daneben können große Kommoden und Schränke auch das Ch'i des Bewohners aus dem Gleichgewicht bringen und damit Körperbewegung hemmen und die innere Harmonie stören.

Bei Kindern können die Auswirkungen noch gravierender sein. In einem engen Zimmer zum Beispiel, in dem drei Schwestern schliefen – zwei in übereinander angeordneten Betten und eine auf einer engen Pritsche –, fragte ein Feng-Shui-Fachmann: »Wer brach sich in den letzten Monaten einen Arm?« Es war das Mädchen auf der Pritsche.

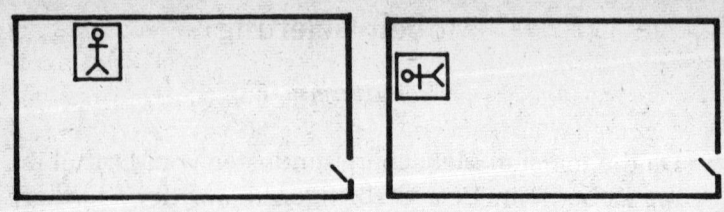

Ideale Schlafzimmer: Das Bett sollte diagonal von der Tür stehen.

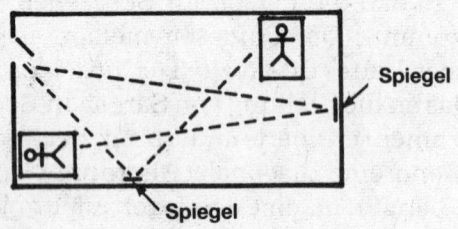

Wenn das Bett nicht diagonal von der Tür stehen kann, bringt man einen Spiegel an, um Eintretende zu reflektieren.

Im Zimmer des Sohnes eines ausländischen Journalisten in Hongkong flankierte eine schwere Kommode das Bett. Der Feng-Shui-Fachmann fragte nach einem kürzlich gebrochenen Arm, und die Eltern antworteten ja, der Sohn habe sich vor kurzem den Arm gebrochen. Eine Woche danach brach er sich den Arm wieder.

Chinesen glauben, daß die Form des Bettes die Ehe bestimmen kann. Hat es abgerundete Ecken, so kann es eine holperige Ehe entschärfen. Eine gemeinsame, durchgehende Matratze ist besser als zwei nebeneinanderliegende. Ein amerikanischer

Journalist wurde optimistisch gestimmt, als ihm ein Feng-Shui-Fachmann sagte, daß die Differenzen zwischen seiner Frau und ihm mit einer durchgehenden Matratze anstelle der bisherigen beiden Teile überbrückt werden könnten.

Im allgemeinen sollten Betten an einer Wand stehen. Sonst fühlen sich ihre Benutzer instabil, ohne etwas im Leben, an das sie sich lehnen können.

Um Fehlgeburten zu vermeiden, sollte man während der Schwangerschaft nichts unter Betten verändern oder dort staubsaugen oder wischen. Laut der Chu-shr-Auffassung von Zeugung und Geburt ist das Universum erfüllt von *Ling* oder Geistern. Jedes Ling hat einen eigenen Charakter und sucht die Chance, in die Gebärmutter einer Frau einzudringen, um dem Fötus den Lebensatem einzuhauchen. Wenn das Kind geboren ist, wird der Geist der Atem und die Aura (Ch'i) des Kindes sein. Die Ling schweben unter Betten und warten auf den Moment, um in die Gebärmutter einzudringen. Ist die Frau dauernd dabei, Dinge aufzuräumen und sauber zu machen, wird das Ling verstreut und es kommt zur Fehlgeburt.

Die Stellung des Bettes ist mitunter das Ergebnis von minuziösen Berechnungen. Sie kann durch Astrologie und Zahlenkunde bestimmt werden oder nach dem Ba-gua: Ein nach Norden ausgerichtetes Bett bedeutet, daß die Geschäfte gut gehen werden; der Nordosten bringt Intelligenz und Wissen; der Osten bedeutet ein glückliches, erfülltes und friedliches Familienleben; der Südosten bringt Reichtum; der Süden bringt Ruhm; der Südwesten bedeutet einen guten Ehepartner und eine schöne Ehe; der

Westen verspricht Ruhm für die nächsten Generationen; der Nordwesten bringt weitreichende Reisen. Charles Dickens schlief immer nach Osten hin ausgerichtet, um die positivste kosmische Strömung zu erhalten.

Viele Nicht-Chinesen sind dazu übergegangen, Feng-Shui im Schlafzimmer anzuwenden. Eine mit einem Chinesen verheiratete Engländerin sagt: »Wir bezogen ein Haus in Bangkok, das eine eigene Art von Feng-Shui besitzt, und alles lief falsch. Man konnte es nicht genau festlegen, aber wir sagten uns: ›Da sind wir, ein glückliches Paar, doch um uns herum ist nichts glücklich.‹ Unsere Auseinandersetzungen, unsere Beziehungen, alles war falsch. Da sagte uns ein Feng-Shui-Mann, unser Bett stünde an der falschen Stelle. Wir haben es aber nicht verändert.« Fünf Monate vergingen, und die Dinge wurden schlimmer. »Eines Tages marschierte mein Mann ins Schlafzimmer und rückte das Bett in die Ecke des Zimmers. Es war eine ungewöhnliche Erfahrung – vielleicht fand sie auch nur in meinem Kopf statt – aber plötzlich lief alles richtig.«

Manchmal sind Räume mit mehrfachen Problemen belastet. Beispielsweise fand Dr. Liang, der westliche Medizin in Hongkong praktiziert, keinen Schlaf. »Ich fühle mich im Bett unbehaglich«, sagte er. »Hat das Bett ein Problem? Sollte ich die Matratze austauschen? Ist sie zu weich?« Es war nichts dergleichen. Ein Balken, der längs über dem Bett der Liangs verlief, gab ihnen das Gefühl, daß etwas über ihren Köpfen geschah und versetzte sie in Spannung. Ein Feng-Shui-Fachmann schlug vor, zwei Flöten in Bagua-Manier an den Balken zu hängen. Zusätzlich war draußen eine Straße, die auf das Gebäude zielte und dann im Bogen darum verlief und so wirkte, als würde sie durch ein Fenster hineinkommen, über das Bett verlaufen und durch ein anderes Fenster verschwinden. Dr. Liang fragte, ob er die Fenster geschlossen halten sollte. Um die Straße aufzulösen, die alles in Unordnung brachte, riet ihm der Feng-Shui-Fachmann, Windspiele am Mittelpunkt des Zimmers aufzuhängen.

Wohnzimmer

Wohnzimmer sind weniger kompliziert, da sie dem Empfang von Gästen dienen. Sie sollten jedoch hell und groß sein und frei von Feng-Shui-Übeln wie Balken, unregelmäßigen Ecken und Winkeln oder drei oder mehr Türen oder Fenstern in einer Reihe. Wohnzimmer sollten gewisse Formen, Bilder und Gegenstände mit symbolischen Kräften beinhalten, mit denen sich der Besitzer identifiziert, so wie Teppiche in Ba-gua-Form oder runde Tische. Chu Mu war diesbezüglich sehr konsequent. Nicht nur sind die Ecken und Bettkanten bei ihm abgerundet, sondern auch sein Schreibtisch, der Eßtisch, die Treppe und die Couch – sogar eine Mondtür, von der er behauptet, sie könne Katastrophen aufhalten. »Abgerundetes Dekor gehört für Ausländer vielleicht zur Innenarchitektur, doch für Chinesen ist das auch Feng-Shui«, erklärt er. »Wenn Reichtum eintrifft, könnte es zur Eingangstür hinaus verschwinden. In dieser Weise zirkuliert der Wohlstand durch das Haus.«

In chinesischen Wohnräumen, Restaurants und Geschäften findet man häufig auch Aquarelle von Pflanzen und Blumen, wie Peonien, die Frieden und ein langes Leben symbolisieren.

Was Gegenstände betrifft, ist Chu Mus Wohnzimmer mit Glücksbringern überhäuft. Da gibt es ein ganzes Pantheon von lächelnden, dicken Buddhas, die das Ch'i der gesamten Wohnung verbessern und Reichtum anziehen sollen. Ein Eiffelturm und ein Segelschiff aus Muscheln sollen für weite Reisen sorgen und dafür, daß seine Filme weit verbreitet werden. Ein Messer aus alten chinesischen Münzen, die mit einer roten Kordel zusammengehalten werden, soll Mr. Chu vor Unglück schützen, und drei taoistische Weise aus Elfenbein ziehen Glück, Ruhm und Geld an.

Die Küche zu Hause und im Restaurant

Chinesen schenken der Küche viel Beachtung, besonders aber der Plazierung des Herdes und des Reiskochers. Herde sind die symbolischen Quellen des Glücks, weil das Essen dort gekocht wird. (Das chinesische Wort für Essen, *tsai*, klingt so wie das Wort für Reichtum.) Zusätzlich beeinflußt Nahrung die Gesundheit, die Gefühle und das Verhalten, also ist Zufriedenheit, was das Essen anbetrifft, von oberster Wichtigkeit. Lin Yun sagt: »Von unserem Essen kommt Gesundheit und Effektivität. Wenn es gut zubereitet und von hoher Qualität ist, werden wir uns in der Welt behaupten können und mehr Geld verdienen, um noch bessere Nahrung zu kaufen.«

Der Nahrung-Geld-Zyklus kann aber auch umgekehrt verlaufen. »Wenn einer arm ist, ißt er schlecht, und er behauptet sich schlecht in der Welt. Er leistet vielleicht so wenig, daß ihm irgendwann gekündigt wird.« Die Chinesen sind nicht die einzigen, die so denken. Wie Virginia Woolf über eine weniger als befriedigende Mahlzeit schrieb: »Man kann nicht gut denken, gut lieben oder gut schlafen, wenn man nicht gut gespeist hat. Die Lampe im Rückgrat leuchtet nicht durch Rindfleisch und Backpflaumen.«[1]

Der Herd soll nicht in einer engen Ecke stehen, wo das Ch'i der Köchin bedrängt ist, sondern er soll Bewegungsraum bieten. Sonst kann es sein, daß sie sich andauernd am Ellbogen stößt, was ihr Ch'i aus dem Gleichgewicht bringt. In einer solchen Situation können Spiegel meistens den Raum erweitern. Über den Herd hängen Chinesen oft ein Bild des Küchengotts, der über Familie und Herd wacht. Er ist eine Art Himmelsspion, der sich immer zu Neujahr in den Himmel begibt, um über die Familie zu berichten. Bevor er reist, wird er mit Speiseopfern bestochen und sein Mund mit Honig beschmiert, damit er nur süße Dinge über die Familie erzählt.

Zu den weiteren Gefahren der Küche gehören auch Ecken, die bedrohlich auf die Köchin zielen. In einem solchen Fall bringt man einen Spiegel an oder etwas Wachsendes, wie ein Schlinggewächs, um die Kante zu entschärfen.

Der beste Standort für den Herd ist dort, wo die Köchin bei der Arbeit jeden sehen kann, der die Küche betritt. Wenn die Köchin üblicherweise mit dem Rücken zur Tür steht, werden die Gesundheit,

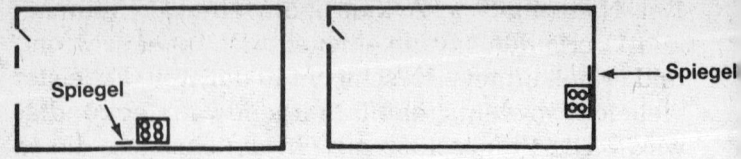

Standorte für Herde: Es sollte vermieden werden, daß die Köchin mit dem Rücken zur Tür arbeitet. Man bringt einen Spiegel an, um Hereinkommende sehen zu können.

der Wohlstand und der Hausfrieden leiden. Überraschungen zerstreuen das Ch'i der Köchin oder des Kochs, lassen sie nervös und die Mahlzeit enttäuschend werden, was den gesamten Haushalt beeinträchtigt. »Das ergibt einen Sinn«, meint ein chinesisch-amerikanischer Angestellter des State Department dazu. »Der Mann kommt nach Hause und überrascht seine Frau in der Küche. Darauf reagiert sie heftig, und ein sinnloser Streit beginnt.« Eine Vorsorgemaßnahme ist, einen Spiegel über den Herd zu hängen, damit die Köchin jeden Hereinkommenden sehen kann, oder ein Glöckchen oder Windspiel nahe der Tür aufzuhängen, so daß es ertönt, bevor jemand eintreten kann.

Dies ist bei Restaurants besonders wichtig. Wenn der Küchenchef überrascht wird, wird eine nervöse Kettenreaktion in Gang gesetzt, die alles beeinflußt, von seiner Leistung bis hin zur Einstellung der Bedienung gegenüber der Zufriedenheit der Gäste. Wenn die Ch'i-Zirkulation reibungslos ist, verbessert das die Qualität der Speisen und das Geschäftsvolumen. (In einem New Yorker Restaurant lehnte es der Küchenchef jedoch ab, einen Feng-Shui-Spiegel über seinen Herd zu bekommen, weil der, wie er meinte, ihn schwindelig werden ließ.)

Chinesische Restaurants in ganz Asien und in den Vereinigten Staaten wenden Feng-Shui an. Einige der feinsten chinesischen Restaurants New Yorks – *David K's, Hunam, Peng's,* um nur wenige zu nennen – wurden von einem Feng-Shui-Experten untersucht und für gut befunden. Die Motivation dahinter ist gleichermaßen kulinarisch- wie geschäftsorientiert. 1978 schickte Lawrence Chow, Mitinhaber von *Peking Park,* Lin Yun ein Flugbillet Hongkong-New York und zurück, damit er das Feng-Shui des Restaurants überprüfen konnte. Nicht nur waren die Umsätze unbefriedigend, sondern Mimi Sheraton, Restaurant-Kritikerin der *New York Times,* hatte ihm lediglich einen Stern zuerkannt. »Ich verstehe es nicht, wir haben erstklassige Köche«, sagte Mr. Chow. Um die absteigende Tendenz seines Restaurants zu bremsen, lud er Lin Yun ein, der feststellte, daß das Problem in der Positionierung der Registrierkasse lag. Sie wurde daraufhin näher an die Tür gerückt, um den Geldfluß zu verbessern. Weniger als ein Jahr danach sprach Gael Greene dem *Peking Park* in der Zeitschrift *New York* zwei Sterne zu.

Die Strömung des Ch'i wirkt sich auf die Umsätze eines Restaurants aus. Es ist eine Feng-Shui-Regel, daß für die Kundschaft eine gute Atmosphäre geschaffen werden muß: Scharfe Winkel zum Beispiel wirken störend auf Kunden und schaffen finanzielle Hindernisse für die Betreiber. Im *House of Hunan* in Washington ließ der Besitzer, Johnny Kao, eine Reihe von Vierkantpfeilern mit Spiegeln verkleiden, um das Ch'i gleichmäßig zirkulieren zu lassen und um die scharfe Wirkung der Pfeilerkanten zu mildern. Auch ließ er runde Enden am Bartresen anbringen.

Im allgemeinen sollte die Kasse diagonal gegenüber dem Eingang stehen, damit der Kassierer die Kunden sieht. Ein Spiegel sollte dort angebracht werden, um das Einfließen von Kundschaft und Geld zu begünstigen.

Restaurants können symbolträchtige Dekorationen vorteilhaft einsetzen. Viele chinesische Restaurants bevorzugen die verheißungsvolle Kombination von Rot und Gold, die Glück und gutes Gelingen symbolisiert. Ihre Wände sind mit Bildern von taoistischen Weisen und Göttern, Blumen und Landschaften geschmückt, Bilder, die an Langlebigkeit, Frieden und Wohlstand erinnern. Sie sind oftmals mit den goldenen Schriftzeichen für »doppeltes Glück«, »langes Leben« oder »Gedeihen« auf rotem Hintergrund dekoriert. Weitere Symbole können subtiler ausfallen: Fischbassins, die Geld bedeuten, oder Pflanzen, mit denen wachsendes Ch'i gemeint ist. In einem beliebten New Yorker Sushi-Restaurant bemerkte Lin Yun, daß die ansprechende Dekoration aus senkrechten, hohlen Bambusrohren dem Erfolg zuträglich sei. »Wie große Flöten leiten die Rohre das Ch'i hinauf und aktivieren es.« David Keh, Besitzer von *David K's* in New York, ließ mehrere große Fischbassins aufstellen, um das Ch'i zu verbessern und das Geschäft noch mehr zu aktivieren.

Geschäfte

Geschäftsleute in Asien und den Vereinigten Staaten wenden auch Feng-Shui an. In einigen Geschäften stehen kleine Altäre mit Bildern des Gottes des Reichtums. Die *Hongkong and Shanghai Bank* ließ ein Gemälde dieses Gottes hoch über dem alten Börsensaal malen. In Sunnyside, Queens, einem Stadtteil von New York, bat Julie Wu einen Feng-Shui-Fachmann, ihre gerade gekaufte Reinigung zu begutachten. Sie sagt dazu: »Achtundzwanzig Jahre lang waren die früheren Besitzer nicht erfolgreich.« Das Problem lag an einer abgeschrägten Tür und der Position der Registrierkasse. Nachdem sie einen Spiegel hinter der Kasse anbrachte, ein Windspiel vor den Eingang hängte und Pflanzen neben die abgeschrägte Tür und in die Ecken stellte, verbesserte sich das Geschäft.

Geschäfte halten sich auch an örtliche Feng-Shui-Regeln. Die Besitzerin eines Juwelier-Ladens in Hongkong behängte eine gefährlich scharfe Ecke in ihrem Laden mit Schlingpflanzen aus Kunststoff, um die Ecke zu entschärfen und Ch'i hoch zu bringen.

Pflanzen aus Plastik und Seide oder als Gemälde verbessern auch die Umgebung und beleben das Geschäft. Beim Durchstreifen von *Saks Fifth Avenue* in New York, merkte Lin Yun an, daß ein Display aus künstlichen Bäumen, die aus den Verkaufstresen zu wachsen schienen, die Umsätze des großen Warenhauses förderten. »Bäume vermitteln ein Gefühl von Frühling, wenn alles blüht«, sagte er. »Daher wird das Geschäft sich entwickeln und gedeihen.« Er

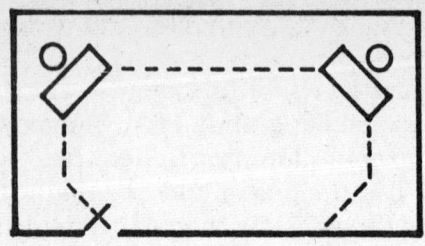

Zwei Schreibtische zu einem Ba-gua-Symbol arrangiert.

fügte hinzu, daß die Bäume Ch'i anhoben und es zirkulieren ließen, was wiederum Leute anzog, um dort einzukaufen.

Arbeitszimmer und Büros

In Arbeitszimmern sollte der Schreibtisch diagonal von der Tür entfernt stehen, so daß die Person mit dem Gesicht zur Tür sitzt. Wenn man eine schöne Aussicht vorzieht und deshalb nicht die Tür im Blickfeld haben kann, sollte ein Spiegel über dem Schreibtisch angebracht werden, um jeden Hereinkommenden sichtbar werden zu lassen. In Hongkong meinte ein Reporter, daß es seiner Arbeit helfen würde, wenn er einen Spiegel über dem Schreibtisch anbrächte, der ihm den Blick über das Südchinesische Meer erlaubte. Zusätzlich zum Ch'i des Wassers, das er so erhielt, bewahrte ihn der Spiegel davor, daß Überraschungsbesuche sein Ch'i beeinträchtigten, und konnte so konzentriert arbeiten. Wenn zwei Leute im gleichen Raum arbeiten, wie es die Akademiker C. C. Lee und seine Frau tun, können die Schreibtische so gestellt werden, daß sie zusammen mit der Wand eine Ba-gua-Form ergeben. Pflanzen oder helle Lichter hinter den Schreibtischen können eine Aura schaffen, die Ch'i verbessert.

Neben der des Zuhauses ist die Gestaltung des Arbeitsplatzes die wichtigste bei der Bestimmung des einzelnen Werdegangs. In ganz Asien konsultieren chinesische sowie westliche Unternehmen Feng-Shui-Fachleute, wenn es um ihre Arbeitsräume geht. Dazu gehören *Chase Asia*, die Amerikanische Handelskammer (*Amcham*), *Citibank*, das *Asian Wall Street Journal, Jardines* und viele weitere. Von manchen multinationalen Konzernen ist bekannt, daß sie nach astrologischen Gesichtspunkten die Arbeitsplätze positionieren lassen, um höhere Leistungen und größere Gewinne anzuregen. Als die *Far Eastern Economics Review* neue Räume bezog, engagierte man dafür einen Feng-Shui-Fachmann. Er fand, daß drei Schreibtische weniger glücklich gestellt waren. Derek Davies, geschäftsführender Redakteur der *Review*, schreibt darüber:

Ein Schreibtisch, der der Empfangsdame Helen Tung, die sich seit dem Umzug nicht wohl gefühlt hatte, wurde umgedreht und mit einem »Glückszeichen« geschmückt, und schon fühlte sie sich wieder wohl. Donald Wise, Redakteur der Sparte »Focus«, der ansonsten kaum einen Tag Krankheit kennt, aber seit dem Umzug von Rippenfellentzündung und Gicht (zweimal!) hingestreckt wurde, bugsierte seinen Schreibtisch quer durch die Redaktion – und auch er erholte sich.

Andere Schreibtische, die nach Osten, Süden oder Nordosten ausgerichtet waren, wurden entsprechend mit roten Porzellanpferden oder Blumentöpfen aus dunklem Marmor versehen, die zwar Wasser, aber keine Blumen enthielten. Ich drehte meinen nach Süden ausgerichteten Schreibtisch um 15 Grad in Uhrzeigerrichtung.[2]

Die erste Überlegung in jedem Büro gilt dem Direktorenschreibtisch. In Anwendung der Theorie, daß das Schicksal des Landes vom Feng-Shui des Kaiserpalastes, besonders des Throns, bestimmt wird, glauben die Chinesen, daß der Werdegang des ganzen Unternehmens von dem guten Arrangement des Büros des Direktors oder Präsidenten abhängt. Einige Bürger Hongkongs meinen, daß *Jardines* Probleme hatte, als ein neuer Direktor das Unternehmen übernahm, aber es versäumte, sein Büro von einem Feng-Shui-Fachmann anpassen zu lassen.

Der Direktor sollte die beherrschendste Position innehaben, um seine Autorität über das Personal geltend machen zu können. Autorität verleiht üblicherweise das Eckbüro, das am weitesten vom Eingang entfernt liegt. Die Anordnungen amerikanischer Büroräume stimmen mit Feng-Shui überein. In seinem Buch *Power!* schreibt Michael Korda: »Allgemein gesprochen, basieren Büros auf einem Machtsystem der Ecke, statt auf einem der Mitte... je näher man sich zur Mitte befindet, desto weniger Macht hat man.«[3] Bei Feng-Shui ist jedoch nicht jede beliebige Ecke tauglich. Der Manager des *Lee Travel Service* in Kowloon, Frank Kwok, verlegte sein Büro von der

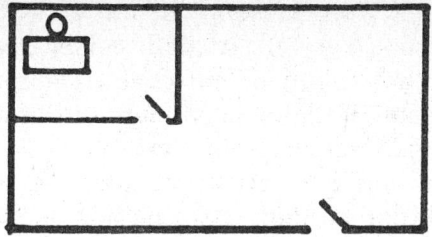

Ideale Büroanordnung und Managerplatz.

nördlichen Seite zur südlichen, in ein altes Konfe-
renzzimmer, so daß er an einer Stelle sitzen konnte,
die seiner Position entsprach. Die ranghöchste Mit-
arbeiterin nach ihm bezog sein bisheriges Büro, und
eine Wand wurde herausgenommen, damit sie die
Mitarbeiter im angrenzenden Büroraum im Auge behalten konnte.

Bei Büroräumen treffen oft die Regeln für Wohnungen zu: Man vermeidet messerartige, spitze Ecken,
Balken, Pfeiler und lange, dunkle Flure. Büros am
Ende eines langen Korridors sind nicht wünschenswert, da sie in das Maul des Drachen schauen. In
einer solchen Situation rückt man die Schreibtische
weg vom Drachenmaul oder stellt Stellwände auf,
um das starke Ch'i abzuwehren. Gelegentlich verbergen Stellwände interne Korruption. Ein Bauunternehmer auf Taiwan fügte der Stellwand noch einen Spiegel hinzu, um Mitarbeiter symbolisch zu
entmutigen, hinter seinem Rücken krumme Geschäfte zu machen.

Ein Schreibtisch sollte diagonal gegenüber der Zim-
mertür stehen. Michael Korda erklärt das so: »Auch
im Kreise der höchstgestellten und am sichersten

geschützten Führungselite ist es üblich, daß der Schreibtisch so gestellt ist, daß sein Besitzer die Tür im Blick hat, wenn er aufschaut. Dahinter steckt nicht so sehr Höflichkeit, sondern die Tatsache, daß niemand gerne überrascht wird.«[4]

Im Sinne von Feng-Shui bedeutet bei der Arbeit erschreckt zu werden, daß Ch'i aus dem Gleichgewicht gerät, man schreckhaft wird, leicht aus der Bahn geworfen und abgelenkt ist und somit mindere Leistung erbringt. Robert Upton, Stellvertretender Regionaler Direktor der New Territories, sagt: »Als ich mein Büro bezog, saß ich mit dem Rücken zur Tür.« Jetzt sitzt er so, daß er jeden sehen kann, der hereinkommt. »Man sagt mir, das verleiht mir ›tötendes Ch'i‹, also bin ich besser gerüstet, die Dinge zu handhaben, und tatsächlich laufen sie wesentlich besser.« (Seine Position wird zusätzlich von einem Ba-gua-Spiegel an seinem Fenster verteidigt, der üble Einwirkungen der benachbarten Polizeiwache abwehrt.) Es gibt jedoch Ausnahmen: Sein Chef, David Akers-Jones, ist sehr zufrieden damit, von dem Sitzplatz aus zu fungieren, den ein Feng-Shui-Fachmann für ihn bestimmt hat – mit dem Rücken zur Tür.

Büros sollten nach Möglichkeit mit Türen versehen sein. Eine Tür mit Glasscheibe stellt einen Nachteil dar: Jeder Hereinkommende sieht die Person im Büro zuerst, was diese in die Defensive versetzt. Wenn ein Schreibtisch nicht diagonal von der Tür entfernt stehen kann, sollte man einen Spiegel aufhängen, um eintretende Personen sehen zu können. (Manche Menschen übertreiben ihr symbolisches Streben nach Überlegenheit mit Besucherstühlen, die niedriger als der eigene sind. Verhandlungsvorteile und ganze Abkommen haben Geschäftsbesucher schon verloren, die den Fehler machten, sich in die weichen Polster des angebotenen Sofas sinken zu lassen.)

In Hongkong kursieren viele Geschichten über Feng-Shui-Leute, die einen »verhexten« Sitzplatz aufspüren können, dessen Inhaber versagte oder starb. Ein solcher Fall ereignete sich im Architekturbüro von Erik Cumine. »Ich hatte einen Feng-Shui-Mann vor den normalen Öffnungszeiten hier. Er sagte, es gäbe hier einen sehr schlechten Platz – einen verhexten Stuhl.« Mr. Cumine fand das höchst bemerkenswert, da der letzte Inhaber des Platzes, sein Sohn, zwei Monate davor gestorben war. (Der nächste Mitarbeiter auf dem Stuhl glaubte nicht an Feng-Shui, auch nicht, nachdem seine Tante und seine Schwester unerwartet starben.) Der Geomant wies auf zwei Stühle hin und sagte, sie wären nie »warm«. Tatsächlich waren es die Plätze für Volontäre, die ein Jahr bei der Firma verbrachten, um dann einem staatlichen Planungsbüro oder einem anderen Architekturbüro beizutreten. Mr. Cumine stellte dabei fest, daß er und sein Partner die besten Plätze hatten, so, wie es sein sollte.

Oftmals ist Feng-Shui jedoch eine bequeme Ausrede für geschäftlichen Mißerfolg. Der Sohn eines chinesischen Filmproduzenten merkte an, daß sein Vater erfolglose Filme immer auf schlechtes Feng-Shui schiebt und die Kassenschlager seinem eigenen Talent zuschreibt. Ein Mitarbeiter bei *Chase Asia* führte seine schlechte Leistung in der Bank auf Feng-Shui zurück. Als man sich dort weigerte, seinen Arbeitsplatz zu verlegen, kündigte er aus Protest. Man sagt, daß er sonst in Kürze entlassen worden wäre.

Manche Geschäftsleute befolgen jedes Wort ihres Feng-Shui-Beraters, auch wenn das zu ihrem Nachteil ist. Ein mit einer Chinesin verheirateter ausländischer Geschäftsmann war finanziell äußerst erfolgreich und hatte daher enorme Achtung vor seinem Feng-Shui-Berater. Eines Tages hörte der Geomant mit, wie die Frau ihren Mann fragte: »Wieso befolgst du immer den Rat dieses Feng-Shui-Mannes? Du bist Europäer – ich bin Chinesin, und ich glaube nicht an den Unsinn.« Als der Mann den Geomanten wieder konsultierte, sagte dieser: »Sie sind ein vom Glück gesegneter Mann. Sie haben sehr viel Geld und ein gutgehendes Geschäft. Sie könnten jedoch doppelt so reich sein, wie Sie sind. Eines steht Ihnen im Weg, und das ist Ihre Frau. Um Ihre größte Vorsehung zu erfüllen, müssen Sie sie für sechs Monate des Jahres fortschicken.« Also wurde die Frau gegen ihren Willen ein halbes Jahr lang auf Safaris, Fahrten und Einkaufsreisen geschickt, und eine Zeit lang ging es dem Mann noch besser. Doch dann verließ ihn das Glück und letztendlich auch seine Frau.

Gelegentlich können Feng-Shui-Maßnahmen auch ein angespanntes Klima im Büro erzeugen. Als sich *Unicom*, die Warenbörse-Agentur von *United Press International*, in Hongkong etablierte, ließ ihr amerikanischer Manager einen Feng-Shui-Fachmann kommen. Der sagte, daß in den Büros, die Unicom mit der von Schwierigkeiten heimgesuchten UPI teilte – ein Redakteur hatte sich den Arm gebrochen,

216

andere hatten Eheprobleme, einige Mitarbeiter hatten gekündigt, andere waren krank geworden –, das schlechte Ch'i aus dem Büro des kommissarischen Büroleiters stammte. Um dies abzuwenden, brachte der Manager einen großen Spiegel an, der weitere Probleme auslöste: Die Chinesinnen an den Fernschreibern meinten, daß die bösen Geister nun in ihre Richtung reflektiert würden, und hingen ihrerseits drei achteckige Spiegel mit zusätzlichen Zauberzeichen in Richtung Unicom auf. Mit der Autorität seiner Position ordnete der Manager schließlich das Entfernen dieser Spiegel an.

[1] Virginia Woolf, *A Room of One's Own* (New York: Harcourt, Brace & World, 1957), S. 18.
[2] *Far Eastern Economics Review* (2. Februar 1979), S. 27.
[3] Michael Korda, *Power!* (New York: Random House, 1975), S. 75.
[4] Korda, *Power!*, S. 79.

8

Hausgeister

Wohn- und Geschäftsräume zu übernehmen ist, als würde man in die Schuhe des vorherigen Besitzers schlüpfen. Ein wünschenswertes Haus ist eines, in dem der Vorbesitzer zufrieden und erfolgreich war. Noch besser ist ein Haus, in dem es der Familie so gut erging, daß sie sich ein noch größeres, vornehmeres Domizil suchte. In solchen Glücksfällen, meinen Feng-Shui-Fachleute, könnten die nachfolgenden Bewohner durchaus in die Fußspuren ihrer Vorgänger treten und deren Glück übernehmen. Oft geschieht dies innerhalb von zwei bis drei Jahren.

Diese Art von weitergegebener Bestimmung hat offensichtliche Haken: Ein früherer Bewohner war vielleicht gestorben, hatte eine Scheidung durchgemacht oder Geld verloren oder sich ständig mit seiner Familie gestritten. Die Resonanz solcher Ereignisse oder Erfahrungen könnte nachklingen und sich auf die neuen Bewohner auswirken.

Wenn sie ein neues Haus oder Büro beziehen, untersuchen Chinesen dessen Vergangenheit, wer dort vor ihnen war und was mit ihm geschah. Ein Immobilienmakler in New York meinte, daß einige chinesische Klienten großes Interesse an der Geschichte der Häuser hätten und, um sicherzugehen, alte Bau-

ten lieber mieden, da dort die Möglichkeit eines To-
desfalles in der Vergangenheit größer sei. (Tatsächlich wird schlechtes Feng-Shui der Innenaufteilung
– ein ungünstig plaziertes Badezimmer, eine pfeilartige Ecke oder ein zugiger Flur – wie eine Plätzchen-
form immer das gleiche Muster, also die gleichen
problematischen Auswirkungen, hervorbringen.)
In solchen Fällen wird oftmals ein Feng-Shui-Fachmann oder ein buddhistischer Priester hinzugezogen. Diesen Experten sagt man nach, daß sie ein
Gespür für frühere Besitzer und Ereignisse haben.
Neben ihren praktischen Ratschlägen – Möbelarran-
gements, Fenster- und Türanordnung und Orientierung –, die durchaus wissenschaftliche Grundlagen
haben können, untersuchen sie einen zusätzlichen,
nicht greifbaren Aspekt, den Hausgeist. Diese Di-
mension ist schwerer zu definieren und zu beweisen
als die Auswirkung eines bedrückenden Balkens.
Dabei angesprochen werden solche nicht zu bele-
gende Realitäten wie die Empfindungen, die Menschen von einem Haus erhalten.

Das Weihen eines Hauses

Jedes Gebäude, ob alt oder neu, vorteilhaft plaziert
oder weniger, benötigt eine Einzugszeremonie, eine
Weihe. Ein Feng-Shui-Priester wird engagiert, um
mit Weihrauch und Gesängen die ersten Handlun-
gen in einer Firma, einem Wohnhaus oder einem
Laden zu vollziehen. Die Weihe dient als Lösung für
eine Reihe von Problemen, von dürftigen Finanzen
bis hin zu stümperhafter Architektur, und der Ab-

wehr von potentiellen Übeln und bösen Geistern. Oftmals erfüllt eine solche Zeremonie auch den Zweck, Kundschaft anzulocken, die Bewohner der Gegend darauf aufmerksam zu machen, daß hier eine neue Firma die Tore geöffnet hat. Die *Hongkong and Shanghai Bank* läßt bei Neueröffnungen Drachentänze aufführen, sogar im World Trade Center in New York. Wie ein führender Mitarbeiter der Bank dazu meinte: »Wer sind wir, daß wir uns dem Aberglauben widersetzen sollten?«

Die Hausweihe geht zurück bis zur Shang-Dynastie, als Hunde, Menschen, Kühe und weiteres geopfert und unter einem Schrein oder einer Stele begraben wurden, um spirituell das Haus, das Dorf oder den Palast zu beschützen.

Ein modernes Beispiel dafür ist das *Chase Asia*-Gebäude. Seit Jahren witzelt man in Hongkong, daß *Chase Asia*, der Handelszweig der *Chase Manhattan Bank*, aufgrund von Feng-Shui wesentlich weniger erfolgreich war als ihr Rivale *Citibank*. Das *Citibank*-Gebäude hat einen guten Standort an der Mündung zweier Straßen. Anfänglich machten die Leute das alte *Chase Asia*-Gebäude für die Probleme der Bank verantwortlich, nicht nur, weil es auf Land stand, das früher eine Malaria-Brutstätte war und zudem neben einem Friedhof errichtet wurde, sondern auch wegen der sechseckigen Fenster des Gebäudes, die sofort an Särge erinnerten. 1978 zog das Unternehmen in ein neues Gebäude um. (Der Grund dafür bleibt schleierhaft, aber manche Einheimische vermuten, daß es Feng-Shui war.)

Doch für *Chase Asia* nahmen die Probleme weiter zu. Das neue Gebäude war nie von einem Priester eingeweiht worden. Nachdem vier große Abschlüsse nacheinander nicht zustande kamen und dann ein leitender Mitarbeiter bei einem Flugzeugabsturz sein Leben verlor, engagierte man einen Feng-Shui-Fachmann. Zwei unheilvolle Stellen, meinte der, lägen in den Büros des geschäftsführenden Direktors und des Managers. Der Direktor meinte zu der Lösung: »Mir macht es nichts aus. Es bedeutet, daß ich jeden Tag frische rote Blumen auf den Schreibtisch bekomme, um die Teufel zu vertreiben.« Und der Manager? »Der kriegte Goldfische. Die sterben zwar dauernd weg, aber das sollen sie auch – um die Teufel zu beschäftigen.« Die Tatsache, daß das Unternehmen seither floriert, wird als »purer Zufall« angesehen.

Auch *Dow Chemical* macht mit, wie UPI berichtet:

Bei Dow Chemical zelebrierte ein Feng-Shui-Experte die Eröffnungszeremonie eines Werkes während einer Woche von strömendem Regen. Eine drohende Sintflut hielt sich zurück, bis das Freiluftspektakel mit 300 geladenen Gästen vorüber war. Der Direktor, der die Feier organisierte, Dean Wakefield, Leiter des Ressorts Marketing-Kommunikation, wurde von den anwesenden chinesischen Direktoren beglückwünscht – jedoch nicht dafür, daß die geladenen Würdenträger nicht durchnäßt wurden, sondern für den anschließenden Wolkenbruch. Dieser bedeute, hieß es, daß es »das Geld kaum erwarten kann, auf Sie herabzuschütten«. Mr. Wakefield sagte, daß das Vorhaben weit über die Erwartungen des Unternehmens hinaus erfolgreich war.[1]

Eine Methode der mystischen Hauseinweihung des Schwarzhut-Feng-Shui, bei der Besitztum und das Recht auf den Wohnraum etabliert werden, besteht darin, neun Orangen-, Zitronen oder Limonenschalen in eine Schale oder entsprechenden Behälter zu tun und diesen dann mit Wasser aufzufüllen. Dann wird das Zitruswasser auf alle Fußböden verspritzt, um die Räume von schlechtem Ch'i und bösen Geistern zu reinigen. Bei Teppichböden verwendet man eine Sprühflasche. (Ein im Westen ausgebildeter Chinese sagte, daß er, wenn er eine neue Wohnung bezieht, als erstes das Radio auf volle Lautstärke aufdreht, als ob er sagen wolle: »So, ihr Geister, jetzt bin ich da, und ihr könnt gefälligst verschwinden.«) Am Tage des Einzugs nimmt man eine Flöte, symbolisch ein Schwert, und eine Blumenvase mit einem roten Band um den Hals, die Sicherheit und Frieden symbolisiert, trägt beides in das Haus oder die Wohnung hinein und durchschreitet jeden Raum, um die eigene Präsenz zu etablieren.

Feuerwerkskörper sollten im ganzen Haus gezündet werden, besonders aber am Haupteingang. (Wenn ein Familienmitglied stirbt, zünden die Nachkommen Feuerwerkskörper am Eingang, um den Geist der verstorbenen Person zu verscheuchen.)

Nach dem Einzug in ein neues Haus sollte man es vermeiden, in einem alten Bett zu schlafen. Läßt sich das jedoch nicht vermeiden, sollte man neue Laken und eine neue Bettdecke kaufen, um ein frisches Gefühl für einen guten Start hervorzurufen.

So wie sich die Zeiten verändern, kann es auch das Feng-Shui eines Hauses. Es kommt darauf an, wie die Muster des Ch'i fluktuieren. Manchmal wird

Haus-Ch'i noch glückbringender, manchmal das Gegenteil. Entsprechend der chinesischen Vorstellung des Universums wird sich auch das Ch'i einer Wohnstätte verändern. Obwohl ein Haus vor hundert Jahren gutes Ch'i hatte, kann die andauernde Fluktuation der Gezeiten des Universums, der Einfluß von äußeren Geschehnissen sowie der Abbau und Verbrauch umweltlicher Ressourcen die Kraft und den Fluß des Ch'i schwächen und somit das Glück der Bewohner schwinden lassen.

Lucy Lo, eine Kochlehrerin und Philanthropin in Hongkong, sagt: »Vor ungefähr zehn Jahren gab es viele Todesfälle in meiner Familie. Beim ersten dachte ich mir nichts. Dann starb meine Mutter und dann mein Bruder. Ich wurde langsam nervös, und dann trat ein vierter Todesfall ein.« Also befragte sie den Feng-Shui-Gelehrten der Familie, der ihr sagte: »Ihr Haus bringt bereits seit fünfzig Jahren Glück. Von nun an ist das vorbei«, und ihr riet, umzuziehen. Zuerst glaubte sie ihm nicht und zog auch nicht um. »Doch dann starb mein Schwiegervater, und damit waren alle alten Leute der Familie tot. Die Jüngeren beschlossen, umzuziehen, also zog ich auch um.«

Die Angst vor Geistern ist ein Faktor, der mit dem Feng-Shui eines Hauses zu tun hat. Die Chinesen glauben an eine parallele Welt, in der die Geister Seite an Seite mit den Lebenden existieren. Chinesische Geister haben Macht über Menschen, also dienen diverse Feiern, wie das Grabfegen oder das Fest der Hungrigen Geister, dazu, sie gutgelaunt zu halten. Orte, wo die Japaner im Zweiten Weltkrieg Menschen gefangenhielten, folterten und töteten, tragen das Stigma des schlechten Feng-Shui. Obwohl eine die Geister besänftigende Tun-Fu-Zeremonie meistens in ländlichen Gebieten abgehalten wird, begegnet man ihr auch in städtischen Gegenden. Als eine in amerikanischem Besitz befindliche Firma in Indonesien in finanzielle Schwierigkeiten geriet, beharrten die örtlichen Werksleiter darauf, daß es in der Fabrik spukte. Nachdem sich jedoch die Amerikaner bereit erklärten, ein Schaf opfern zu lassen, das auf den Stufen zum Werk gebraten wurde, stellte sich heraus, daß nicht Geister hinter den Schwierigkeiten steckten, sondern Mitarbeiter, die Gelder veruntreuten.

Manche Chinesen glauben, daß selbst die Regierung Hongkongs von Geistern heimgesucht wird. 1974 fand im Murray Road Carpark eine Austreibungszeremonie statt, die von der Transportbehörde veranstaltet wurde. Die Behördenleitung sollte über dem Parkdeck einziehen. Das Gebäude, sagten die Arbeiter, steht an einer Stelle, wo die Japaner Menschen gefoltert hatten. Also bemühte sich dreißig Jahre danach eine Prozession von siebzig buddhistischen Priestern bei Gesängen und Weihrauch darum, deren Geister zu befriedigen. Wie von der *South China Morning Post* berichtet, behauptete Reverend Koh Kwang, Präsident der Buddhistischen Vereinigung: »Diese Feier wird nicht nur die Geister ruhigstellen können, sondern auch einen Segen für den reibungslosen Betrieb des städtischen Transports ohne ernste Unfälle verbreiten.«

Die Angst vor Geistern wirkt sich oft auf Hauspreise und Mieten aus. In einer schönen Gegend von Singapur, die im Kriege Standort eines japanischen Lagers war, in dem auch gefoltert wurde, kann man ein großes Haus für 750 US-Dollar im Monat mieten. Nur Ausländer wagen es, dort zu wohnen. Im überfüllten Hongkong, wo Platz kostbar ist, liegen erstklassige Immobilien und wunderschöne alte Häuser brach, weil sie von Geistern bewohnt oder mit schlechtem Feng-Shui behaftet sind. Interessenten sind oft von den niedrigen Preisen angelockt, überlegen es sich jedoch, wenn Geister oder schlechtes Feng-Shui im Spiel sind.

Auf der Insel Hongkong blieb eine alte Villa auf teurem Land jahrelang leer stehen. Die Geschichte dahinter war, daß, kurz nachdem eine Amah in der Badewanne ertrank, die Bewohner merkwürdige Geräusche hörten. Ein Stuhl begann von alleine zu schaukeln, und Gegenstände wurden nachts auf geheimnisvolle Weise gerückt. Die Familie gab das Haus auf. Irgendwann wurde es von der PRC gekauft, aber auch die, so heißt es, ließ einen Geistaustreiber kommen. Trotz dieser Geste sind Amahs in dem Haus nur bereit, tagsüber zu arbeiten.

[1] Suzanne Green, United Press International, September 1977.

9

Schlußfolgerungen

Feng-Shui betrifft ein großes Spektrum menschlichen Unternehmens. Neben dem Lenken der Schicksale von Nationen, Familien und Menschen berührt es auch die Einzelheiten des täglichen Lebens. Auf dieser Ebene kann Feng-Shui sehr individuell ausfallen, je nach den Bedürfnissen, Wünschen und Kriterien des einzelnen. Es kann Namen, Astrologie, Zahlen und das Konzept der fünf Elemente betreffen (siehe Anhang 5). Wenn die Umgestaltung der Wohn- oder Büroräume nicht genügt, sind die mystischen Lösungen von Chu-shr oft angebracht: In New York legte ein junger Schriftsteller sein Manuskript auf einen hohen Schrank, um einen Autorenvertrag zu begünstigen; der Besitzer eines beliebten chinesischen Restaurants in New York schüttelte seine volle Registrierkasse, um noch mehr Umsatz »loszuschütteln«. Eine Bankangestellte rieb eine Mischung aus Wein und einem chinesischen Kräuterpulver auf ihre Fußsohlen, um ein Leberleiden zu heilen. Sogar der frühere Vizepräsident der Vereinigten Staaten, Spiro Agnew, wurde in Begleitung eines Feng-Shui-Fachmannes gesehen; vermutlich suchte er Rat. Die Anzahl der Chu-shr--Lösungen geht in die Tausende. Ihre Wirksamkeit erhalten sie dadurch, daß sie erst dann mündlich weitergegeben werden, wenn der Feng-Shui-Fachmann das rote Couvert mit »Glücksgeld« erhalten hat. Damit die Lösung ihre mystischen Kräfte beibehält, darf der »Klient« Einzelheiten erst preisgeben, wenn sich der Erfolg eingestellt hat. Ein vorzeitiges Weitergeben des Geheimnisses schmälert seine Wirkung.

Feng-Shui bleibt weiterhin ein Geheimnis. Manchmal spiegelt es moderne Vorstellungen der Physik, selbsterfüllender Prophezeiungen, der Medizin oder einfach nur guter Gestaltung. In anderen Fällen gibt es jedoch keine logischen Erklärungen. Mit der ihm eigenen Art von Irrationalität behauptet Lin Yun, daß im Feng-Shui Ru-shr bestenfalls eine Erfolgsquote von 10% erreicht, während die Ergebnisse des transzendentalen Chu-shr bis zu 120% ausmachen können. Wenn zum Beispiel ein Paar eine Ehekrise durchmacht, lautet der normale Rat Respekt zeigen, Geduld aufbringen, liebe- und rücksichtsvoller miteinander umgehen. Das ist Ru-shr, einleuchtend, logisch und leicht annehmbar. Doch so gerne Menschen auch rücksichtsvoll sein und die Dinge ausarbeiten wollen, sind die Ergebnisse nur zu 10% effektiv. Bei der Anwendung von Chu-shr dreht das Paar vielleicht das Bett um oder rückt es einfach ein Stück. Obwohl das unlogisch und irrational klingt, ein reiner Glaubensakt ist, wird die Auswirkung wesentlich größer sein als die von Ru-shr.

Mit einer Betrachtungsweise, die zugleich sensibel und wissend ist, umfaßt Schwarzhut-Feng-Shui Ru-shr, das irdisch Rationale und Logische, und Chu-shr, das Transzendentale, Irrationale und Unlogische. Ähnlich wie Shu-shr umfaßt Feng-Shui alles innerhalb unserer Erfahrung und unseres Wissens: wissenschaftliche Entdeckungen, Fakten und verständliche Geschehnisse. Und ähnlich dem Chu-shr ist Feng-Shui auch die große Weite außerhalb der uns bekannten Welt: das, was noch geschehen, entdeckt, verstanden oder gesehen wird.

Anhang 1

Die Tun-Fu-Zeremonie

Einzelheiten einer Tun-Fu-Zeremonie, die am 17. Januar 1960 im Dorf Pak Wai abgehalten wurde, berichtet von G. C. W. Grout, einem Regierungsbeamten in den New Territories. Der Name des Geomanten war Cheung Yuen Chong, und er stammte aus der Provinz Kwangsi.

»Er begann, indem er den Weihrauch, die Becher, die Reisschale und das rote Bündel auf einen Tisch stellte... Der Weihrauch wurde dann angezündet und Wasser in die Reisschale gegeben. Zwei spezielle Papierstücke wurden dann angezündet, in die Reisschale mit dem Wasser getan und der Nagel dazugegeben. Er nahm dann ein Stück feuchten Bambus, führte es über den glimmenden Weihrauch und schrieb gewisse geheime Formeln darauf, die er dem Buch entnahm, und führte den Bambus dann nochmals mit der beschrifteten Seite nach unten über den Weihrauch.

Dies wurde mit jedem Bambusstück wiederholt. Dann wurde das rote Tuch in Streifen geschnitten und zusammen mit vergoldeten Blättern mit rotem Faden an die oberen Enden der Bambusstücke gebunden. Die Beschriftungen schienen paarweise vorzukommen, drei Stück mit diversen Zeichen rechts und wiederum drei ähnlich geschriebene links.

Nachdem dies vollendet war, wurde Wein in drei Becher und Tee in drei weitere gegossen, die Kerzen angezündet, und der Geomant nahm seine Position am Kopfende des Tisches ein und begann seine Beschwörungen.

Nach ungefähr fünf Minuten des Gebets packte er den jungen, lebendigen Hahn mit der linken Hand am Kopf, nahm den Nagel aus der Reisschale und stach ihn ins Auge des Hahnes. Bei dem Stich schaffte es der Hahn fast, sich zu befreien und kämpfte so sehr, daß der Geomant fester greifen mußte und den Nagel nochmals in das Auge stach. Mit einem knirschenden Geräusch stach er den Nagel durch den Kopf des Hahnes und durch das andere Auge hinaus. Daraufhin rührte sich der Hahn nicht mehr, sondern lag regungslos da, als wäre er tot.

Den Hahn mit dem Nagel durch den Kopf noch immer in der Linken haltend, befahl er dem Dorfvertreter und seinem Assistenten, die Bambusstücke in die beiden Töpfe mit Sand zu legen, drei Stücke und einen Becher Tee in jeden Topf. Er sprenkelte etwas Blut von den Augen des Hahnes auf die Bambusstücke und nagelte den Hahn dann an einen Baum, wo er an dem Nagel durch die Augen hing. Geweihtes Papier wurde dann unter dem Baum verbrannt, Wein davor auf die Erde gegossen und Feuerwerkskörper abgebrannt.

Der Geomant nahm dann den Hahn vom Baum ab, und weitere Feuerwerkskörper wurden angesteckt. Indem er den Hahn mit der linken Hand hielt, zog er mit der rechten den Nagel heraus und gab mit den Fingern etwas Wasser aus der Reisschale auf die geblendeten Augen des Hahnes. Wieder wurden Feuerwerkskörper gezündet. Der kraftlose Hahn wurde dann auf die Erde gelegt, und der Geomant nahm einen Mundvoll Wasser von der Reisschale und versprühte es zweimal über den Hahn, wobei er ihm auf den Körper schlug. Überraschenderweise stand der Hahn auf und begann, umherzutorkeln ohne zu wissen, wo er hinsollte, da er noch immer benommen war und nicht sehen konnte.

Der Dorfvertreter nahm dann auf Anweisung des Geomanten einen der Töpfe mit drei Bambusstükken auf. Sie brachten den Topf zum Ende des Dorfes und stellten ihn unter einen Baum, den der Geomant bestimmt hatte. Der Assistent nahm dann eine Picke und begann, in Abständen von ca. drei Metern am Hang hinter dem Dorf zu graben. Danach wurde der zweite Topf mit drei Bambusstücken zum anderen Ende des Dorfes gebracht und in ähnlicher Weise aufgestellt.

Letztlich erklärte der Geomant, daß die Arbeiten in drei Tagen beginnen könnten und sagte, daß die Zeremonien beendet wären.«

»PS: Der Dorfvertreter kam zwei Tage später zu uns ins Büro, und ich fragte ihn nach dem Hahn. Er sagte, dieser sei durchaus gesund und könne sehen. Ich sagte, daß ich ihm das nicht glaube und bat darum, das Opfer am gleichen Nachmittag ansehen zu können. Er lachte herzlich und erklärte, daß der Nagel in solcher Weise in die Augenhöhle gestochen wurde, daß er das Auge verschonte. Dennoch bestand ich auf meinen Wunsch und richtete es ein, den Hahn am Nachmittag zu sehen. Er wirkte gesund und es schien auch das gleiche Tier zu sein. Bei näherer Untersuchung stellte ich fest, daß ein Auge blind war. Offenbar hatte der Geomant etwas gepfuscht.«

Anhang 2

Namen

Shakespeare ließ bereits Romeo nach der Bedeutung eines Names fragen. Hätte dieser die Frage an die Chinesen gerichtet, so hätte er eine Vielfalt an Antworten erhalten. Sie verbinden große Bedeutung mit den wörtlichen und angedeuteten Vorstellungen, die Ortsnamen in sich bergen. Hügel und Berge benannten sie natürlich nach deren Formen. Doch Namen können sich ändern, wenn der Mensch sein Umfeld umwandelt. Ein Landstrich in Hongkong hieß früher »Grüner Drachenkopf«, weil er einem Drachen ähnelte. Vor ungefähr hundert Jahren, heißt es, entdeckte ein Bauer zwei runde, glasartige Steine in der Erde dort. Er grub sie aus, und gelbes Wasser quoll in großen Mengen hervor. Nach Meinung der Einheimischen hatte der Bauer das Feng-Shui verletzt. Kurz darauf wurde er krank und starb. Seitdem nennen die Leute dort die Gegend nach ihrer aktualisierten Bezeichnung »Der blinde Drache«.

Chinesisch ist eine homonymische Sprache. Namen und Bezeichnungen suggerieren ständig Vorahnungen und Symbole, von denen die Chinesen fürchten, daß sie irgendwann zur Wirklichkeit werden. Einem neuvermählten Paar zum Beispiel, das in einer Gegend der New Territories wohnte, deren Name ursprünglich »Zwillingsbäume« bedeutete, jedoch durch viele Jahre der englischen Falschaussprache mehr wie »getrennte Liebende« oder, noch schlimmer, »Zwillingsleichen« klang, wurde von einem Feng-Shui-Fachmann geraten, im Interesse ihres Lebens und ihrer Ehe umzuziehen.

Historisch gesehen haben Ortsnamen den Europäern in China einige Probleme bereitet. Als die Engländer Telegrafenleitungen errichten wollten, um Hongkong und Kowloon mit Kanton zu verbinden, waren die Kantonesen von diesem Vorhaben gar nicht erfreut. Sie sagten, daß die Telegrafendrähte den Untergang Kantons einleiten und eine mögliche Katastrophe heraufbeschwören würden. Kanton, die »Stadt der Böcke«, würde an eine Leine von Drähten gelegt und direkt in die Mäuler von neun hungrigen Drachen (Kowloon) geführt werden.

Sogar das Fremdenverkehrsamt Hongkongs hält den chinesischen Namen von Bruce Lee, dem verstorbenen König der Kung-Fu-Filme, für seinen frühen Tod 1973 verantwortlich. Zur Zeit seines Todes lebte Lee, dessen ursprünglicher Name Lee Shaolung war, »kleiner Drache«, in dem Vorort Kowloon Tong, »Teich der Neun Drachen«. Eine Pressemitteilung des Amtes besagt: »Hätte er einen Feng-Shui-Meister konsultiert, bevor er dorthin zog, wäre er wahrscheinlich davor gewarnt worden, das Schicksal herauszufordern. Denn im mythologischen Überlebenskampf muß ein kleiner Drache irgendwann der vereinten Macht der neun ausgewachsenen Wesen weichen, die den legendären Teich beherrschen.«

Es heißt, daß Lee von dem ominösen Feng-Shui wußte und es abzuwehren suchte, indem er einen achteckigen Ba-gua-Spiegel vor seinen Eingang hängte. Doch sei der Spiegel von einem Taifun kurz vor dem Tode des Schauspielers weggeweht worden, wodurch er dem Unausweichlichen machtlos gegenüberstand.

Die Chinesen überlegten lange, bis sie den Namen für eine Hauptstadt gefunden hatten. Die erste Hauptstadt des Reiches war Changan, »langer Frieden«, und war fast tausend Jahre lang Regierungszentrum.

Anhang 3

Zahlen

Für die Chinesen, wie für andere Kulturen, haben Zahlen magische Kräfte. Renaissance-Dichter wie Edmund Spenser ordneten Strophen und Silben in numerische Reihenfolgen, um ein unterbewußtes Empfinden von Harmonie im Leser zu erzeugen. Wir im Westen haben in Märchen drei Wünsche frei, haben die christliche Dreifaltigkeit und die heilige Erneuerungskraft der Pyramiden (vier Dreiecke). Die Zahlen Sieben und Neun kommen auch in Zauberriten auf der ganzen Welt vor.

Wie im Westen wurden auch in China traditionell glückverheißende Zahlen in der Architektur angewendet. Zum Beispiel wird in einem Kapitel über »Bauhandwerk« in den *Riten der Chou*, einem Buch über rituelle Praktiken der Chou-Dynastie, die Wiederholung von besonders heilvollen Zahlen als weitere Weihung einer Hauptstadt angegeben: »Die Hauptstadt soll an jeder Seite neun *Li* (eine chinesische Meile) messen, und an jeder Seite sollen drei Tore sein. Innerhalb der Stadt soll es neun Nord-Süd-Straßen und neun Ost-West-Straßen geben. Die Nord-Süd-Straßen sollen neun Bahnen für Pferdewagen enthalten.«[1]

Weitere architektonische Beispiele sind der Kaiserpalast in Peking, der auf »Zauberquadraten« basiert, und der Himmelstempel (*Ming Tang*, wörtlich »kosmisches Haus«), dessen Treppenstufen in Gruppen von drei und neun angeordnet sind.

Die Chinesen achteten darauf, ihre Tempel nach den genauen numerischen Berechnungen der Geomanten zu errichten. Fehlkalkulationen, so glaubten sie, würden nicht nur die heiligen Kräfte des Tempels gefährden, sondern auch das Glück der Andächtigen. Manche Tempel wurden aufgegeben, weil ihre Maße nicht präzise stimmten.

Neun und Eins sind die heilvollsten chinesischen Zahlen. Neun ist die größte Zahl und deutet auf Fülle hin. Eins weist auf den Anfang hin, die Geburt. Die Chinesen in Hongkong und auf Taiwan interpretieren aus Zahlen noch mehr Bedeutungen, als es die traditionelle Magie tut. Der Klang der Zahlen steht in Verbindung mit weiteren Bedeutungen, wie bei Namen. Gleichklingende Wörter verleihen chinesischen Zahlen besondere Wirkung.

Diese Praxis ist in vielen asiatischen Lebensbereichen anzutreffen. Eine Künstlerin in Hongkong wählte ein gewisses Datum für die Eröffnung ihrer Gemäldeausstellung, weil die Zahlen zusammen neun ergaben, was auf Hochchinesisch »langes Leben« bedeutet. Ein Bauunternehmer konnte gewisse Bürotrakte in einem Multimillionen-Dollar-Komplex nicht verkaufen, weil ihre Nummern mit einer Vier endeten, die auf Kantonesisch ähnlich dem Wort »sterben« klingt. Chinesen scheuen sich besonders vor der Zahl 424, »sterben und wieder sterben«.

[1] David Lung, »Heaven, Earth and Man« (University of Oregon, 1978).

Anhang 4

Chinesische Astrologie

Das Richtige zum richtigen Zeitpunkt zu tun, ob es sich um einen Umzug, eine Beerdigung oder eine Hochzeit handelt, ist für Chinesen von oberster Bedeutung. Manche Firmenchefs halten keine Pressekonferenzen, machen keinen ersten Spatenstich für einen Neubau oder reisen nicht ins Ausland, wenn der Moment dafür nicht günstig ist. Um für ein Vorgehen den richtigen Tag und die richtige Stunde festzustellen, konsultieren Chinesen in ganz Asien einen Feng-Shui-Fachmann oder Wahrsager oder ihren Almanach, der nicht nur Zukunftsdeutung bietet, sondern auch hilfreiche Tips zu einer Anzahl von Themen, von Ackerbau bis Charakterkunde. Feng-Shui-Leute und Wahrsager können einige Dollar für die Nennung von guten Reisetagen verlangen, oder auch einige hundert Dollar für das Berechnen eines Spatenstichs. Die meisten Chinesen finden diese Informationen selbst mit Hilfe des Almanachs heraus. Ein chinesisch-amerikanischer Angestellter im State Department sagte, daß seine Frau im Almanach nachliest, wann sie ein Angebot für ein neues Haus unterbreiten oder ihr Auto verkaufen sollten. »Es ist erstaunlich«, meint er, »die Dinge verlaufen immer zu unserem Vorteil.«

All dies hat natürlich mit chinesischer Astrologie zu tun. Ehen wurden einst nach dem Einklang der beiden Geburtsdaten arrangiert. Auch heute achten noch viele Chinesen auf die astrologische Vereinbarkeit eines möglichen Partners. Im Gegensatz zur westlichen Astrologie, die auf Monaten aufgebaut ist, basiert die chinesische Methode auf den zwölf Tierjahren des chinesischen Mondkalenders. Jedes Jahr wird von einem Tier dargestellt, das gewisse allgemeine Charaktereigenschaften denen verleiht, die darin geboren sind.

Die Ratte (1900, 1912, 1924, 1936, 1948, 1960, 1972, 1984) besitzt Attribute, die von Charme und Humor bis ehrlich und gewissenhaft reichen. Laut den Chinesen sind Menschen, die in diesen Jahren geboren wurden, gütige und weise Berater, doch können sie nie für sich selbst entscheiden und wechseln dauernd die Richtung. Jedoch hungern Ratten manchmal nach Macht und Geld, was einige von ihnen zu Spielern macht, andere manipulierend und kleinlich werden läßt. Ihre Raffgier kann sie in eine destruktive Falle hineinführen.

Der Büffel (1901, 1913, 1925, 1937, 1949, 1961, 1973, 1985) arbeitet schwer, geduldig und systematisch. Menschen dieses Zeichens haben Freude daran, anderen zu helfen. Hinter diesem hartnäckigen, arbeitsamen und aufopfernden Äußeren befindet sich ein aktiver Geist. Obwohl ihre Ausgewogenheit und Kraft Vertrauen erwecken, können Büffel starr, stur und langsam wirken. Sie müssen lange Stunden arbeiten, um relativ wenig zu vollbringen. Die Chinesen sagen, daß die Jahreszeit und der Tag, an dem der Büffel geboren wurde, wichtig in der Bestimmung seiner Lebensart ist. Eine Frau in Hongkong prahlte davon, daß sie, ohne etwas dazu beizutragen, finanziell immer versorgt sein würde, weil sie in einer Winternacht geboren wurde. Für Büffel gibt es in den Wintermonaten wenig zu tun, erklärte sie, weil die Schweißarbeit des Sommers und der Herbsternte vorbei ist und es dem Bauern obliegt, die Büffel satt und warm zu halten, damit sie für die Bestellung der Felder im Frühling stark sind. Büffel, die in den Monaten der Feldarbeit geboren werden, haben jedoch ein Leben harter Arbeit vor sich.

Der Tiger (1902, 1914, 1926, 1938, 1950, 1962, 1974, 1986) ist mutig, aktiv und selbstsicher. Er ist ein ausgezeichneter Führer und Beschützer; Tiger ziehen Gefolgsleute und Bewunderer an. So liberal veranlagt Tiger jedoch sein mögen, sie sind auch leidenschaftlich und hastig und widersetzen sich der Autorität anderer. Die Chinesen sagen, daß Tiger, die nachts geboren werden, besonders ruhelos sind, denn die Nacht ist ihre Jagdzeit. Eine westliche Bezeichnung für eine ungewöhnlich aggressive Frau ist »Drachenfrau«, doch die Chinesen nennen sie eine »Alt-Tiger-Dame«. Aus diesem Grund achten manche Chinesen darauf, daß sie in einem Tiger-Jahr kein Kind bekommen, da es eine Tochter sein könnte.

Der Hase (1903, 1915, 1927, 1939, 1951, 1963, 1975, 1987) ist schnell, schlau und ambitioniert, doch vollendet er selten, was er anfängt. Der Hase ist ein soziales Wesen, taktvoll, zurückhaltend und sensibel gegenüber anderen. Doch kann seine Gelassenheit zur Selbstgefälligkeit werden; seine Sensibilität launisch und seicht sein, und seine Intelligenz kann ins Dilettieren abrutschen. Dem Hasen lacht das Glück, mit Verstand und nur etwas engagierter Arbeit kann er es weit bringen.

Der Drache (1904, 1916, 1928, 1940, 1952, 1964, 1976, 1988) gilt als das verheißungsvollste Zeichen. Die Kaiserfamilie nahm sich den Drachen als Symbol ihrer Insignien. Mit seinem magischen Kräften ist der vielseitige Drache fähig, die höchsten himmlischen Höhen sowie die Tiefen des Meeres zu erreichen. Einerseits schlau, gesund und voller Vitalität, besitzt der Drache auch eine mystische Seite – intuitiv, künstlerisch und auf eine merkwürdige Weise vom Glück bedacht. Drachen können aber auch recht tief sinken, reizbar, stur und ungestüm werden. Die mystischen Allüren des Drachen können abgehobene Züge bekommen und es schwierig machen, sich ihm zu nähern. Das unbefriedigende Liebesleben des Drachen führt zu einer Reihe von Liebschaften und Ehen.

Die Schlange (1905, 1917, 1929, 1941, 1953, 1965, 1977, 1989) wird in Asien auch der »kleine Drache« genannt, ein Hinweis darauf, daß auch diese Geburtsjahre als glückbringend gelten. Schlangen sind weise, philosophisch, ruhig und verständnisvoll. Sie sind aufnahmebereit und körperlich anziehend, oftmals unbeständig. Erfolg und Ruhm zu erlangen, fällt Schlangen leicht. Wenn sie verärgert werden, spucken sie Gift und können selbstsüchtig sein. Auch können sie faul sein und sich gehenlassen. Ihre angeborene Eleganz wird manchmal zur Schau getragen.

Das Pferd (1906, 1918, 1930, 1942, 1954, 1966, 1978, 1990) ist charmant und heiter, ein durchaus liebenswürdiges Wesen. Mit Engagement, Selbstdisziplin und Verstand erreicht das Pferd gekonnt Macht, Reichtum und Achtung. Jedoch wirkt die geschätzte Direktheit des Pferdes manchmal taktlos. Sein ungeduldiges Streben nach Erfolg kann selbstsüchtige, räuberische Züge annehmen, und Pferde können starrköpfig sein.

Die Ziege (1907, 1919, 1931, 1943, 1955, 1967, 1979, 1991) besitzt angeborene Intelligenz und künstlerisches Talent und wird sich in der Geschäftswelt gut behaupten können. Solche Menschen sind umgänglich und altruistisch. Doch beschränken sich ihre Erfolge auf Geldangelegenheiten; in familiären Beziehungen scheitern sie. Manchmal sind sie zu wankelmütig, undiszipliniert und verantwortungslos und kehren gelegentlich eine mürrische, menschenfeindliche Seite hervor.

Der Affe (1908, 1920, 1932, 1944, 1956, 1968, 1980, 1992) ist lebhaft, liebenswert und geistreich. Mit Erfindergeist und Intelligenz können Menschen, die in diesen Jahren geboren sind, die meisten Probleme rasch und geschickt lösen und im Berufsleben viel erreichen. Oft sind Affen jedoch zu schlau für ihr eigenes Wohl und können einmischend, opportunistisch und skrupellos bis hin zur Manipulierung und Übervorteilung werden. Sie neigen dazu, faul zu sein, sich auf geringfügige Angelegenheiten zu konzentrieren, während sie wichtige Dinge ignorieren.

Der Hahn (1909, 1921, 1933, 1945, 1957, 1969, 1981, 1993) arbeitet schwer, ist erfinderisch, begabt und selbstsicher. Im Gegensatz zu unserer westlichen Meinung von Hähnen ist der chinesische Hahn couragiert. In Gruppen sind Hähne lebhaft, amüsant und beliebt. Doch können sie auch zu selbstüberzeugt sein und sich dermaßen in Szene setzen, daß es besonders Verwandte und Freunde irritiert.

Der Hund (1910, 1922, 1934, 1946, 1958, 1970, 1982, 1994) ist ein treuer, vertrauenerweckender, ehrlicher und mutiger Freund mit einem ausgeprägten Sinn für Gerechtigkeit. Solche Menschen sind erfolgreich und großzügig, doch können sie auch gehetzt, verhalten und defensiv sein. Sie erreichen ihre Ziele schnell, doch entspannt der Hund nie wirklich. Obwohl er ruhig und gelassen wirkt, sind sein Herz und sein Verstand ständig auf dem Sprung.

Das Schwein (1911, 1923, 1935, 1947, 1959, 1971, 1983, 1995) ist sensibel, fürsorglich und gutmütig. Nicht nur sind Schweine intelligent und kultiviert, sie haben auch etwas Unzüchtiges, Erdhaftes an sich. Ihr diverses Genießen kann an Übersättigung grenzen. Im Gegensatz zu den intriganten Schweinen aus Orwells *Animal Farm* sind chinesische Schweine cher hilflos und unsicher. In guten Zeiten verlieren sie plötzlich alles und sind nicht in der Lage, sich zu verteidigen, geschweige denn, andere anzugreifen. Allgemein gesehen haben Schweine das Glück auf ihrer Seite, doch sind sie faul.

Die Chinesen haben die Richtlinien für partnerschaftliche Übereinstimmung folgendermaßen dargestellt:

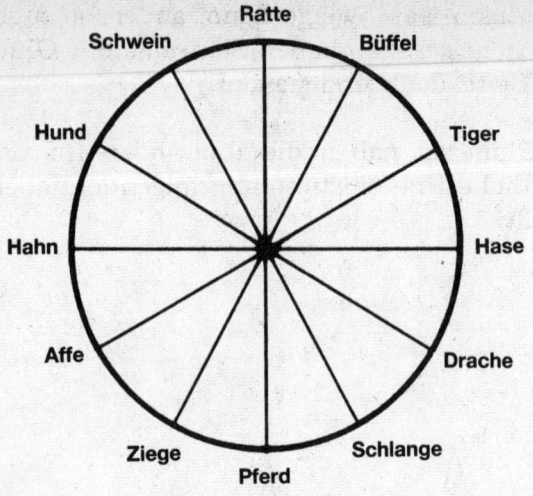

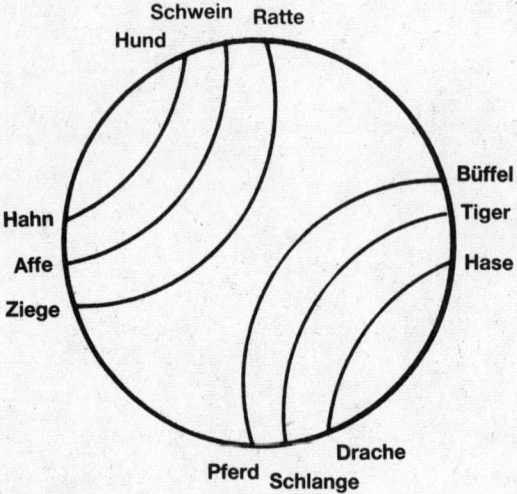

Schlechte Ehen.

248

Auch vermeiden die Chinesen Ehen zwischen Tieren, die drei Jahre auseinanderliegen, ausgenommen Schwein-Tiger und Schlange-Affe.

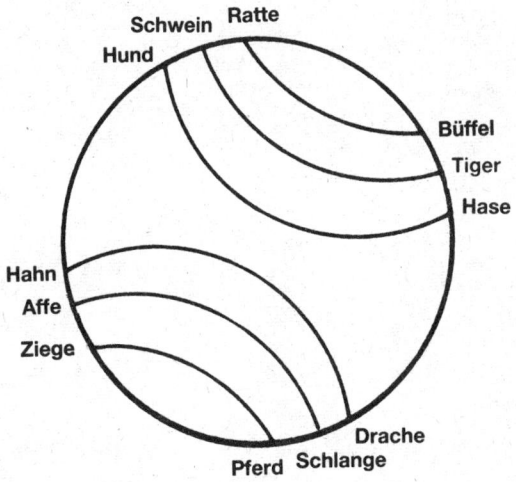

Gute Ehen.

Chinesische Astrologie ist in der Praxis weitaus präziser, als es die hier angeführten, allgemeingültigen Regeln darstellen. Tatsächlich scherzte eine Engländerin, die mit einem Chinesen verheiratet ist, daß sie ihre Kinder per Kaiserschnitt zur Welt brachte, damit sie im glückversprechendsten Augenblick geboren würden, um ihrer sehr auf Feng-Shui achtenden Schwiegermutter zu gefallen.

Anhang 5

Die fünf Elemente

Die Chinesen hoffen, ihr Ch'i und ihr Schicksal verbessern zu können, indem sie ihre fünf Elemente untersuchen. Aus der Wechselwirkung zwischen Yin und Yang gehen fünf Manifestationen von Ch'i hervor: Holz, Erde, Feuer, Wasser und Metall. Wie Yin-Yang und Ch'i sind die fünf Elemente nicht Materie, sondern Kräfte oder Essenzen, die sämtlich Substanz und Attribute beschreiben. Die Chinesen assoziieren diese Elemente mit Zeit, Raum, Materie, den Sinnen, Farben und psychischen Stimmungen. Zum Beispiel ordneten sie das Element Holz dem Frühling, der Farbe Grün und dem Osten zu. Feuer gehörte zum Sommer, dem Süden und der Farbe Rot. Erde, das Element der Mitte, war mit der Herbstmitte und der Farbe Gelb verbunden. Metall ist der Herbst, der Westen und die Farbe Weiß. Wasser regiert Schwarz (je tiefer das Wasser, desto schwärzer wird es), den Norden und den Winter.

Die fünf Elemente wirken sich aufeinander aus, kreieren und zerstören sich gegenseitig in festgelegter Reihenfolge. Der Zyklus der Entwicklung ist wie folgt: Feuer bringt Erde (Asche) hervor; Erde produziert Metall (Minerale); Metall kreiert Wasser (obwohl Wasser Metall rosten läßt, stammt diese Ordnung von der Betrachtung her, daß, wenn Wasser in einen Metallbecher gegeben wird, sich außen an dem Gefäß Wasser bildet); Wasser nährt Holz (Bäume brauchen Wasser, um zu wachsen), und Holz nährt das Feuer. Der Zyklus der Zerstörung lautet: Holz schädigt Erde; Erde behindert Wasser; Wasser löscht Feuer; Feuer schmilzt Metall, und Metall fällt Holz.

Menschliches Ch'i kann in Holz, Erde, Metall, Wasser und Feuer unterteilt werden. Lin Yun sagt, daß die Natur jedes Menschen unterschiedliche Mengen der Elemente enthält. Jedes der fünf menschlichen Elemente, sagt er, kann in 72 verschiedene Arten und Mengen unterteilt werden.

Jeder besitzt die fünf Elemente. (Nach der traditionellen chinesischen Auffassung besitzen Männer Kombinationen aller fünf Elemente, doch sollte der Frau immer eins fehlen. Wenn eine Frau alle fünf Elemente besitzt, wird sie keine Söhne gebären.) Wenn es jemandem an einem Element mangelt, muß das nicht unbedingt schlecht sein. Man muß zuerst die restlichen Elemente überprüfen, um festzustellen, ob sie wohl ausgewogen sind. Die ideale Situation ist, einen Mittelwert zu haben, weder zuwenig noch zuviel eines Elements. Auf einer Skala von 1 bis 72 ist 36 der durchschnittliche Mittelwert, die harmonische Natur. Hat man jedoch viel oder wenig von einem Element, so ist damit noch keine Wertung angedeutet; man muß einfach alle Elemente relativ zueinander sehen.

Das Element Holz beispielsweise stellt die konfuzianischen Ideale der Güte, Treue und Vergebung dar. Hat ein Mensch nur wenig davon, so ist er wie ein Blatt, das auf der Oberfläche eines Sees treibt. Wenn der Ostwind weht, treibt es in dieser Richtung; weht der Westwind, so treibt es in jene; dieser Mensch wird leicht beeinflußt. Was immer er hört, er stimmt dem zu oder wiederholt es. Er hat keine eigene Meinung.

Ein Mensch mit Holz vom Typ 36 ist wie ein wachsender Baum: Unter dem Einfluß des Windes raschelt sein Laub – was heißt: In kleinen Dingen ist er flexibel – und er biegt sich, doch hat er seine Wurzeln. Wenn andere reden, hört er zu, überdenkt alle Seiten und trifft dann seine eigene Entscheidung. Hat er sehr viel Holz, so ist er wie ein beständiger alter Baum. Wenn der Wind weht, wird er nicht mitgerissen. Er hört nicht auf andere (sondern nur auf sich selbst). Er kann dermaßen unnachgiebig sein, daß er bei einer heftigen Taifun-Bö brechen könnte. Er ist voreingenommen und kann einfach nicht von anderen lernen. Ungeachtet dessen, wie lange Leute auf ihn einreden, hält er an seinem Standpunkt fest.

Metall, auch als Gold gemeint, bedeutet Rechtschaffenheit. Menschen mit wenig Metall sprechen selten, sind äußerst gewissenhaft und vorsichtig und wirken erhaben und arrogant, sonderbar und isoliert. Geringes Metall kann auch die Essenz einer sehr selbständigen Person sein. Wer den Mittelwert an Metall hat, ist fair, spricht soviel wie angebracht und sagt immer das Passende. Wenn jemand unrecht hat, wird er kritisiert, aber nicht übertrieben. Im Gegensatz dazu neigt ein Mensch mit viel Metall zu unfairem Handeln und Selbstgerechtigkeit und ergreift jede Gelegenheit, zu tratschen, zu kritisieren und sich in die Angelegenheiten anderer einzumischen. Er ist streitsüchtig und beschwert sich gern. Andererseits kann er sich für Prinzipien stark machen, sich um andere kümmern und ihnen helfen. Als eine überaus redselige Frau in Hongkong ihren Monolog endlich unterbrach, um Lin Yun nach ihren Elementen zu fragen, erwiderte er mit einem verstohlenen Grinsen: »Ah, Sie besitzen eine außerordentliche Menge an Gold beziehungsweise Metall.« Das gefiel ihrem Empfinden von Selbstgerechtigkeit und amüsierte den gelangweilten, irritierten Eingeweihten, der ihrem Redeschwall zugehört hatte.

Feuer ist das Element der Weisheit, des Verstandes und der Höflichkeit. Wenn er verärgert ist (wörtlich: »Ch'i produzieren«), schluckt der Mensch mit wenig Feuer seinen Stolz (Ch'i), ohne sich Ausdruck zu verschaffen. Wird er kritisiert, so ergreift er nicht das Wort und fordert den Beweis oder verteidigt sich. Er ist zurückhaltend und bringt wenig Leidenschaft auf, außer für Selbstmitleid. Der Ärger des 36er Menschen beruht auf Prinzip und Logik. Er weiß, wann und wie er sich zu behaupten hat, doch wenn er seinen Standpunkt dargestellt hat, hört er auf. Der Mensch mit maximalem Feuer kann grundlos aufbrausen. Er kann laut, unlogisch, unachtsam und anderen gegenüber höchst kritisch sein.

Ein Mensch mit wenig Erde, dem Element der Ehrlichkeit und Treue, ist ein Opportunist und ein Geizkragen. Er erfaßt eine gegebene Situation sofort und nutzt sie zu seinem Vorteil. Er ist immer auf der Lauer nach vorteilbringenden Gelegenheiten. Er kann selbstherrlich, selbstsüchtig und glatt sein, Dinge vor sich her schieben und ein Betrüger sein, der dauernd Abkürzungen sucht. Menschen mit mittlerer Erde sind ehrlich und zuverlässig, sehr direkt und hilfsbereit. Menschen mit viel Erde sind rückständig, altmodisch und nicht auf dem laufenden. Obwohl Dinge unternommen werden könnten, um eine Situation zu verbessern oder sich selbst zu helfen, fürchten sie sich, etwas zu unternehmen, weil man sie kritisieren könnte, und bleiben somit beim alten. Sie helfen jedoch anderen bis hin zur Selbstaufopferung.

Lin Yun erklärt das so:

Drei Freunde, einer mit wenig Erde, der andere mit mittlerer und der dritte mit viel Erde, gehen in ein Restaurant. Die ersten beiden haben je 20 Mark bei sich und der Dritte nur 10 Mark. Wenn die Rechnung kommt, sagt der mit wenig Erde, er hätte nur 10 Mark, der Mittlere bietet an, ihm den Rest zu borgen, und der Dritte will sie beide einladen, obwohl er das wenigste Geld hat.

Lin Yun unterteilt Wasser, das Element der Einsicht, Motivation und des Gesellschaftslebens, in lebendes (fließendes) und totes (stehendes). Jeder Mensch besitzt beide Arten. Fließendes Wasser ist der Antrieb und die Effektivität in der Gesellschaft. Stehendes Wasser spiegelt die geistige Klarheit des Menschen. Lin Yun identifiziert sieben der 72 möglichen Arten von fließendem Wasser.

Die kleinste Menge ist Talwasser, ein Rinnsal, das von einem kleinen Berg hinabläuft und dann verschwindet (weil es evaporiert oder versickert), bevor es das Flachland erreichen kann. Solche Menschen haben Hemmungen, sich auf offene Plätze zu begeben. Sie verbringen ihre Zeit lieber auf dem Lande und im bekannten Umfeld ihres Zuhauses. Auch sind sie gesellschaftlich wenig kontaktfreudig.

Die zweite Art von fließendem Wasser ist der Springbrunnen, der elegant, stark und kontrolliert wirkt. Doch tatsächlich steigt sein Wasser, nur um in das Becken zurückzukehren und erneut zu steigen. Menschen dieses Schlages laufen herum und verbrauchen viel Energie, ohne etwas zu erreichen. Gewohnheitsgemäß gehen sie zur Arbeit, verrichten ihre Aufgaben dort und kehren wieder heim. Lin Yun beschrieb eine lebhafte frühere Schauspielerin als einen Springbrunnen. Jeden Tag absolvierte sie energisch ihre Pflichten für die Familie, war Gastgeberin für die Freunde und Geschäftspartner ihres Mannes und beendete den Tag mit einem Gefühl von Erschöpfung und Unzufriedenheit, nur um die ganze Routine am nächsten Tag zu wiederholen.

Als nächstes kommt der Bach, dessen Aktivitäten breiter verlaufen und dessen Werdegang in Windungen verlaufen mag, aber letztendlich doch eine Richtung hat. Wenn er auf ein Hindernis stößt, kann der Bach vorübergehend blockiert sein, doch findet er immer einen Weg herum und setzt seinen Weg fort.

Flüsse (der Mittelwert) sind noch stärker und richtungsorientiert. Sie genießen breitere, ungehinderte gesellschaftliche Kontakte und Aktivitäten – im Urlaub treffen sie alte Freunde und machen neue.

Der Strom besitzt viel Kraft, doch kann er über seine Ufer treten oder Dinge in seinem Verlauf mitreißen und hinterläßt manchmal Chaos, ohne davon berührt zu sein. Er vollbringt seine Aufgaben immer wirkungsvoll und ist der Prototyp des aggressiven Menschen.

Das Meer hat ein überall hinreichendes Netzwerk von Verbindungen und reist viel, wobei es Menschen in verschiedenen Ländern und auf unterschiedlichen Lebenswegen berührt. Es ist der Weg des Jet-Setters oder eines gesellschaftlichen und politischen Wesens.

Der Ozean hat zwar seine Gezeiten, gelangt aber an jedes Ufer. Er ist unberechenbar und bewegt sich in alle Richtungen, doch ist er attraktiv – alle Flüsse fließen zu ihm.

Der erste Typ der 72 Arten von stehendem Wasser, sagt Lin Yun, ist das Brunnenwasser mit seiner begrenzten Sicht und gedanklichen Regungslosigkeit – ein stagnierender Geist. Der zweite Typ ist das Abflußwasser, ein Mensch mit unklarem Denken, der den falschen Auffassungen anhängt und von äußeren Einflüssen verschmutzt wird. Der dritte Typ ist aufgewühltes Wasser, die Betrachtungsweise einer labilen, hysterischen Person. Der vierte Typ ist schlammiges Wasser, jemand mit angeborenem Verständnis, der dennoch unklar denkt und sich ebenso ausdrückt. Das Wasser eines Gebirgsbeckens besitzt wiederum klares Wissen, das erlernt und nicht instinktiv ist. Ein Mensch mit Teichwasser mag daheim klares Verständnis haben, doch wenn er sich in die Gesellschaft begibt, kann sein Denken von nahegelegenen Straßen (Ideen) verschmutzt werden, was zu Fehlauffassungen und -entscheidungen führt. Das Wasser des Sees stellt reines Wissen dar. So wie

Mond und Sonne auf- und untergehen, spiegelt die Seemitte ihre Reflexionen. So wie Dinge geschehen, reflektiert der Mensch sie wie ein Spiegel. Er erfaßt klar, was geschieht, und spürt intuitiv die Essenz der Menschen und Dinge um sich herum.

Lin Yuns tantrischer Mystizismus bietet Lösungen für die Regulierung und Entwicklung der fünf Elemente. Weil die Elemente tatsächlich fünf verschiedene Manifestationen von Ch'i darstellen, sind die Lösungen Übungen und Symbole, die Ch'i sich der ausgewogensten Verteilung anpassen lassen. Die Übungen sind die gleichen bei zuviel oder zuwenig eines Elements. Lin Yuns Lösungen sind nicht unbedingt die logischsten. (Damit die Lösungen wirken, sagt er, müssen sie mündlich weitergegeben werden, nachdem der Feng-Shui-Mann das zeremonielle rote Couvert erhalten hat.) Wenn Menschen mit einem Übermaß an Metall zuviel reden, würden wir ihnen logischerweise nahelegen, öfters still zu sein. Doch Lin Yun ist überzeugt, daß dies nur kosmetische Wirkung hätte. Für das beste Ergebnis sollte die redselige Person Atemübungen machen. »Es ist ein Mundproblem«, sagt er, »also atmet man durch den Mund. Morgens, wenn man aufsteht, atmet man einmal tief ein, ohne die Luft auszuatmen, was man dann in neun kurzen Stößen macht. Der letzte davon sollte der längste sein. Man sollte das neun Tage lang machen oder 27 Tage lang, falls erforderlich.«

Bei zuviel oder zuwenig Holz verschreibt Lin Yun, jeden Morgen sofort nach dem Aufstehen das Bett drei- bis viermal zu rütteln und das neun Tage lang. Bei einer Unausgewogenheit von Erde findet man das Muttermal am Körper, das dem Herzen am nächsten ist. An neun Morgen nach dem Aufstehen reibt man dann eine Feuchtigkeitscreme auf das Mal, wobei man der eigenen Jahreszahl entsprechend kreisförmig massiert.

Um Feuer in Einklang zu bringen, sollte man etwas Weiches am Körper tragen. Lin Yun schlägt Wildleder, Seide oder Jade vor, denn Jade wirkt auf der Haut kühl und weich. Man trägt den Gegenstand bis zum nächsten Geburtstag.

Um Wasser auszugleichen, schreibt Lin Yun ein Vorgehen wie bei Kettenbriefen vor, um den persönlichen Kreis von Freunden und Aktivitäten sowie die Anzahl an gesellschaftlichen Kontakten und Einschätzungen zu kontrollieren und zu erweitern. An neun oder 27 Tagen soll man schriftlich, telefonisch oder persönlich neun neue Freunde ansprechen oder treffen.

Die traditionellen chinesischen Praktiken werden wörtlicher ausgelegt. In Hongkong entdeckte ein kluger sowie reicher Mann beim Besuch eines Wahrsagers und Feng-Shui-Fachmannes während einer Geschäftsflaute, daß ihm Feuer fehlte. Um dagegen anzuwirken, ließ er in seinem Vorraum einen Altar mit der Abbildung eines Feuergottes aufstellen, der von einer roten Glühbirne erleuchtet wurde. Angeblich hielt er den Altar bis zu seinem Tode erleuchtet, und das Geschäft lief immer gut.

Die Lösungen für die weiteren Elemente fallen noch wörtlicher aus, wie ein alteingesessener Bewohner Hongkongs erklärte:

Fehlt einem Holz, so kauft man eine Tür oder ein Bett aus Holz. Mangelt es an Wasser, stellt man ein Fischbassin oder eine Wasserschale ins Zimmer oder Büro. (Wasser ist besonders für Geschäftsleute wichtig, weil es in der Umgangssprache gleichbedeutend mit Geld ist.) Hat man zuwenig Erde, so sollte man ihr näher und nicht in einem oberen Stockwerk eines Hochhauses leben. Man sollte sich einen Bungalow suchen, dessen Fundamente in der Erde stehen und viele Töpfe mit Erde und Pflanzen aufstellen. Hat man zuwenig Gold, so ist die Lösung leicht: Man trägt Gold am Körper.

Jedes Menschen Ch'i reagiert auf eine Farbe. Doch wirken nicht alle Farben in gleicher Weise auf alle Menschen. Manche Farben tragen zur Aura der Person bei, andere verringern sie.
Um die beste Farbe eines Menschen festzustellen, analysiert man zuerst sein Ch'i, um das stärkste Element ausfindig zu machen – Erde, Feuer, Wasser, Metall oder Holz. Jedes Element stellt eine Farbe dar: Holz ist Blau/Grün, Feuer ist Rot, Erde ist Gelb/Braun, Metall ist Weiß und Wasser ist Schwarz. Die Farben folgen den Elementzyklen von Entstehung und Verfall. Wenn das Element feststeht, wendet man den Zyklus der Entwicklung an, um zu sehen, welche Elementfarbe ihm zuträglich sein wird. Menschen mit viel Holz sollten beispielsweise Schwarz tragen (die Wasserfarbe), während Weiß (die Metallfarbe) dem Glück im allgemeinen abträglich ist. Wer viel Wasser hat, sollte Weiß tragen und Gelb (die Erdfarbe) vermeiden. Das läßt sich auch bei Gebäu-

den und der Raumgestaltung anwenden. Lin Yun
sagte, daß sich das Glück der Vereinigten Staaten
durchaus verbessern könnte, wenn gelbe Blumen
um das Weiße Haus herum gepflanzt würden.

Bibliographie

Ayscough, Florence. *A Chinese Mirror.* Boston: Houghton Mifflin, 1925.

Bleibtreu, John. *The Parable of the Beast.* New York: The Macmillan Company, 1968.

Boyd, Andrew. *Chinese Architecture and Town Planning 1500 B.C.–A.D. 1911.* Chicago: University of Chicago Press, 1962.

Burkhardt, V. R. *Chinese Creeds and Customs.* 3 Bd. Hongkong, n. d.

Capra, Fritjof. *The Tao of Physics.* New York: Bantam Books, 1977.

De Bary, Wm. Theodore, Hrsg. *Sources of Chinese Tradition.* 3 Bd. New York und London: Columbia University Press, 1970.

Edkins, Rev. Joseph. *Chinese Buddhism.* London 1893. Reprint New York: Paragon, 1968.

Eitel, Ernest. *Feng Shui: or the Rudiments of Natural Science in China.* Hongkong, 1873.

Eliade, Mircea. *The Sacred and the Profane.* Übersetzt von Willard R. Trask. New York: Harcourt, Brace, 1959.

Feng, Yu-lan. *A Short History of Chinese Philosophy.* Übersetzt und bearbeitet von Derek Bodde. New York und London: The Macmillan Company, 1948.

–, *The Spirit of Chinese Philosophy.* Übersetzt von E. R. Hughes. Boston: Beacon Press, 1967.

Feuchtwang, Stephan D. R. *An Anthropological Analysis of Chinese Geomancy.* Vientiane, Laos, 1974.

263

Frazer, James George. *The Golden Bough.* New York: The Macmillan Company, 1951.

Graham, David Crockett. *Folk Religion in Southwest China.* Washington, D.C.: Smithsonian Institution Press, 1961.

Hawkes, David. *A Little Primer of Tu Fu.* New York: Oxford University Press, 1967.

Hitching, Francis. *Earth Magic.* New York: William Morrow, 1977. *I Ching, or Book of Changes, The.* 2 Bd. Übers. Richard Wilhelm, Cary F. Baynes. Princeton, N.J.: Princeton University Press, 1950.

Keswick, Maggie. *The Chinese Garden.* New York: Rizzoli, 1978.

Korda, Michael. *Power!* New York: Random House, 1975.

Lee, Sherman. *Chinese Landscape Painting.* New York: Harper & Row, 1971.

Lip, Evelyn. *Chinese Geomancy.* Singapore, 1979.

Liu, Wu-chi und Yucheng Lo, Irving. *Sunflower, Splendor.* Bloomington, Ind.: University of Indiana Press, 1975.

Lung, David. *Heaven, Earth and Man.* Eugene, Oregon, 1978.

MacFarquhar, Roderick. *The Forbidden City: China's Ancient Capital.* New York: Newsweek, 1978.

MacKenzie, Donald. *Myths of China and Japan.* London: Gresham Publishing, 1939.

Meyer, Jeffrey I. *Peking as a Sacred City.* South Pasadena, Calif.: E. Langstaff, 1976.

Needham, Joseph. *The Shorter Science and Civilization in China.* 2 Bd. Cambridge, Eng.: Cambridge University Press, 1980.

Plopper, C.H. *Chinese Religion Seen Through the Proverbs.* New York: Paragon, 1969.

Reischauer, Edwin O. und Fairbank, John K. *East Asia: The Great Tradition.* Boston: Houghton Mifflin, 1960.

Saso, Michael. *Taoism and the Rite of Cosmic Renewal.*

264

Pullman, Wash.: Washington State University Press, 1972.

Sickman, Laurence und Soper, Alexander. *The Art and Architecture of China.* New York: The Viking Press, 1978.

Sullivan, Michael. *Arts of China, The.* Überarb. Berkeley, Los Angeles und London: University of California Press, 1979.

Village as Solar Ecology, The. East Falmouth, Mass.: The New Alchemy Institute, 1980.

Waley, Arthur. *The Analects.* New York: The Macmillan Company, 1938.

–, *The Book of Songs.* New York: Grove Press, 1978.

–, *Translations from the Chinese.* New York: Alfred A. Knopf, 1941.

–, *The Way and Its Power.* New York: The Macmillan Company, 1958.

Watson, Burton, Übers., *Cold Mountain: 100 Poems by Han-Shan.* New York: Grove Press, 1962.

White, Suzanne. *Suzanne White's Book of Chinese Chance.* New York: M. Evans, 1978.

Woolf, Virginia. *A Room of One's Own.* New York und London: Harcourt, Brace & World, 1957.

Yang, C. K. *Religion in Chinese Society.* Berkeley und Los Angeles: University of California Press, 1967.

Yoon, Hong-key. *Geomantic Relationships Between Culture and Nature in Korea.* South Pasadena, Calif.: E. Langstaff, 1976.

Kontaktadressen

Die Autorin kann erreicht werden über:

Sarah Rossbach
c/o E. P. Dutton
2 Park Avenue
New York
NY 10016

Prof. Lin Yun
2059 Russell Street
Berkeley
CA 94705
U.S.A.
Tel. 415-840-2347

Deutsche Kontaktadressen zu verwandten Themenbereichen

Forschungskreis für Geobiologie. Geschäftsstelle: Adlerweg 1, 6935 Waldbrunn-Waldkatzenbach. Zeitschrift: Wetter-Boden-Mensch

Kosmosophische Gesellschaft, Postfach 430155, 7500 Karlsruhe. Zeitschrift für Kosmosophie.

Zentrum für Radiästhesie. Dr. Wetzel, Herold Verlag, Kirchbachweg 71, 8000 München 71. Zeitschrift für Radiästhesie.

Fachschaft Deutscher Rutengänger. W. Prenzyna, Sand-
weg 3, 8411 Eilsbrunn.

Institut für Baubiologie, Heilig-Geist-Str. 54, 8200 Rosen-
heim. Zeitschrift Gesünder Wohnen.

Institut für Baubiologie + Ökologie, Holzham 25, 8201
Neubeuern. Fachzeitschrift Wohnen + Gesundheit und
Schriftenreihe »Gesundes Wohnen«.

Permakultur Institut. Ginsterweg 5, 3074 Steyerberg

Deutschsprachige Literatur zum Thema Feng-Shui

Eitel, E. J.: Feng-Shui oder die Rudimente der Naturwissenschaft in China. Felicitas Hübner Verlag im Oesch Verlag 1982

Pennick, Nigel: Einst war uns die Erde heilig. Felicitas Hübner Verlag 1987

Rossbach, Sarah: Wohnen ist Leben. Feng-Shui und harmonische Raumgestaltung. Knaur Verlag, München 1989.

Walters, Derek: Feng-Shui. Kunst und Praxis der chinesischen Geomantie. M & T Buchverlag, Chur 1989

Neuere Einführungen zur europäischen Geomantie

Merz, Blanche. Orte der Kraft. Eigenverlag. Institut de Recherches en Géobiologie, Chardonne 1987

Möller, Jens M: Geomantie in Mitteleuropa. Aurum Verlag, Freiburg 1988

Greenwald,
Dorothy und Bob
Manchmal kann ich Dich nicht ausstehen

Wie man trotzdem eine gute Ehe führt. Dieses Buch ist ein Ehe-Kurs, der viele leer und hohl gewordene Partnerschaften mit neuem Sinn erfüllen kann. 160 S. [3744]

Kloehn, Ekkehard
Die neue Familie

Zeitgemäße Formen menschlichen Zusammenlebens.
Ekkehard Kloehn schafft neues Vertrauen in ein gesundes und harmonisches Familienleben. Ein optimistisches Buch, das für viele Familien zum »Überlebensbuch« werden kann!
256 S. mit Abb. [3802]

Partner, Peter
Das endgültige Ehebuch für Anfänger und Fortgeschrittene

Wenn der Glanz der ersten Verliebtheit erst einmal verblichen ist, bricht nicht selten für viele Menschen die Welt zusammen.
Unkonventionelle Lösungen unterscheiden dieses Buch wohltuend von anderen Eheratgebern.
224 S. [7699]

Den anderen verlieren - sich selbst finden

Trennung und Scheidung als Chance für beide.
So manche Ehe beginnt im siebten Himmel – und endet doch mit Streit, Vorwürfen und sogar Trennung. Dieses Buch macht Mut, Trennungssituationen zu bewältigen, ohne seine Selbstachtung und Würde zu verlieren. 256 S. [3824]

Ackerman, Paul R. / Kappelman, Murray M.
Was tun, wenn Kinder schwierig werden

Dieses Buch geht alle Eltern an, die ihren Kindern leben helfen wollen.
272 S. [7694]

Kassorla, Irene C.
Tun Sie's doch

Ich hätte ja gekonnt, wenn…
Ich würde ja, wenn nur…
Wer kennt sie nicht, diese scheinbar so plausiblen Ausreden? Dr. Kassorla hat in ihrem Buch ein Programm entwickelt, mit dessen Hilfe die Techniken erlernt werden können, die Erfolg und Glück in unserer Gesellschaft garantieren.
416 S. [7708]

Rat & Tat

Sheehy, Gail
Neue Wege wagen
Ungewöhnliche Lösungen
für gewöhnliche Krisen.
Gail Sheehy, Autorin des
Bestsellers »In der Mitte
des Lebens« zeichnet Por-
traits von Frauen und
Männern, die mit Mut und
Kraft einen neuen Anfang
gewagt haben.
640 S. [3734]

Kubelka, Susanna
Ich fange noch mal an
Glück und Erfolg in der
zweiten Karriere. Dieses
Buch ist für alle geschrie-
ben, die nicht in Schablo-
nen denken und sich nicht
mit vorgegebenen Lebens-
formen begnügen wollen.
208 S. [7663]

Senger, Gerti
Was heißt schon frigid!
Intimsachen, die auch
jeder Mann kennen sollte.
Eine »Liebesschule« nicht
nur für Frauen.
208 S. [7681]
Gute Männer sind so!
Männern sowie Frauen
wird dieses mit einem
Schuß Humor geschrie-
bene Sachbuch, das auf
den Erkenntnissen neue-
ster Sexualwissenschaft
und angewandter Psycho-
logie beruht, helfen, sich
besser zu verstehen und
richtig zu behandeln.
208 S. [7680]
Sinnenfreude
Lebenslust
100 Regeln für eine neue
Sinnlichkeit.
Die bekannte Journalistin,
Buchautorin und Fernseh-
moderatorin hat in diesem
Buch hundert Regeln zur
Entfaltung einer neuen
Sinnlichkeit aufgestellt.
208 S. [7704]

Schönberger, Margit
Rettet uns den Mann!
Ein Leitfaden für Frauen,
die auf eigenen Füßen
stehen und dennoch in
Männerarmen liegen
wollen. 272 S. [7698]

Strömsdörfer, Lars
Ich such' mir einen Partner
Ein Ratgeber für alle, die
nicht immer Single sein
wollen. 128 S. [7702]

Turecki, Stanley /
Tonner, Leslie
Das lebhafte Kind –
fordernd und begabt
In diesem umfassenden
und auch für den Laien
verständlichen Buch
geben die Kinder- und
Familienpsychiater Turek-
ki/Tonner den Eltern ein
komplettes Programm an
die Hand, mit dessen Hilfe
sie ihr Kind besser ver-
stehen, lenken und seine
positiven Seiten verstär-
ken können. 320 S. [3859]

Rat & Tat